職場ですり減らないための34の「やめる」

何があっても疲れない心をつくる

カウンセラー
片田智也

ぱる出版

はじめに

合わない相手との関係で気を揉んだり、
クレーム対応で心ない言葉をいわれたり、
数字に追われて息つくヒマもなかったり……。
仕事をしていれば、しんどい思いをすることはあります。
疲れ果てて、まったくやる気が出ない……。
身も心もすり減ってしまうことはあるでしょう。

でも、同じ状況にいながら「ああいう人だからね」と軽く受け流したり、理不尽なことをいわれても軽くスルーしたり、「できる範囲でやるしかない」と割り切ったり、**物事に振り回されない、「心が疲れにくい人」はいるもの**です。

では、その違いはいったいどこにあるのでしょうか？
ひと言でいえば、「考え方を選んでいるかどうか」です。

心の状態は「物事そのもの」と「物事についての考え」で決まります。

たとえば、企画していたイベントがトラブルで中止になったとしましょう。

そういった「物事そのもの」を選ぶことは不可能です。でも、起きた物事だけで心の状態が決まるわけではありません。「中止になったことをどう考えるのか」、「物事についての考え」は選ぶことができます。選択肢は大きく以下2つ。


心を疲れさせる「疲弊思考」か、心を穏やかにする「穏やか思考」か。


せっかく準備したのに中止？　多くの場合はこう考えます。

「ああ、やってきたことがムダになった」「こんなときにトラブルなんて、もう最悪」。

「失ったもの」に目を向けるのは「疲弊思考」の代表例です。

では、「穏やか思考」で考えると？　「次回やるときのいい練習になった」「準備期間、楽しかったね」。「失っていないもの」に目を向ける。

すると、不満の気持ちを最小限に抑えられるのです。

「疲弊思考」は心をすり減らします。でも、それを選んだという自覚はないでしょう。起きた物事に囚われて、考え方にまで気が回らないからです。

私自身、元から「穏やか思考」というわけではありません。実をいうと、私も「考え方を選ぶ発想」はなかったのです。物事に振り回されて、心をすり減らしている時期もありました。

20代後半で独立し、小さな会社を経営していた頃のこと。思い通りに動いてくれない部下、増える一方の在庫、忙しいばかりでさっぱり伸びない売上……。頭を抱える時間が多かったのは確かでしょう。

緑内障という病気にかかったのはちょうどその頃です。緑内障とは、目の見える範囲が狭くなっていく恐ろしい病気。わずか半年ほどで右目はほぼ失明し、左目も大幅に視力が失われてしまいました。

「なぜこんなことになったのか」と終わったことで嘆いたり、「どうして理解してくれないんだ」と人を変えようとしたり、「変に思われているのでは？」などと思いこみで自滅したり……。「面倒くさい」「やる気が出ない」「動きたくない」。最小限のことしかしていないのに、なぜかくたくた。いつも心がすり減っていたように思います。

立ち直るきっかけの1つになったのは、ある本の一節。

「病気は体の動きを妨げるが、意志を妨げるものではない」。

瞬間、目が覚めました。私の場合は視覚障害。見ることが妨げられるのは避けようがありません。でも、それについて何を思い、どう考えるか。意志の動きはまったく自由なまま。なのに、知らないうちに「疲弊思考」を選んでいたのです。

視覚障害という物事に気を取られていたからでしょう。

よくないことが起きた。だからといって、よくない考えをしなくてはならない決まりはありません。そのとき初めて理解したのです。**「物事は選べなくても、考え方は自由に選べる。というか、むしろ自分で選ばなくてはいけない」**。

それからは、自分の意志で考え方を選ぶようになりました。「まったく盲目になったわけではない。耳も聞こえるし、話もできる」。イベント中止の場合と同じ、「失っていないもの」を見るようにしたのです。

もちろん、これは「心を穏やかにする考え方」の一例に過ぎません。見つけた「疲弊思考」を片っ端から「穏やか思考」に置きかえていきました。

十数年が経って、目が見えづらいこと自体、何も変わってはいません。でも、そのせいで悩んだり嘆いたり、心が疲れることはほとんど皆無です。

カウンセラーに転身して以降は、のべ1万人以上の方の悩みを耳にしてきました。現在は「一般社団法人感情マネージメント協会」の代表理事として、**「何が起きても、どう感じるかは自由」**という考えを広める活動をしています。

今から2000年ほど前の哲学者、エピクテトスはこう語ったそうです。

「人を煩わせるのは物事そのものではなく、その物事についての考えだ」。

大事なことは昔から変わりません。これが、すり減らないための重要な教えであるのは間違いないでしょう。では、なぜその教えを実践できないのか？

「どんな考えが疲弊思考なのか……」、判断がつかないからです。安心してください。今から説明する34の考え方をやめれば、心は確実に軽くなります。

「どう感じるか」、心の状態を物事に委ねてはいけません。

それは本来、意志の力でマネージメントできるものなのです。

本書を通じて、「何があっても疲れない心」を手に入れてください。

1人でも多くの方が、心のすり減りから解放されることを願っています。

chapter 1
思い通りになると思うのを、やめる

chapter 2

ポジティブ思考を、あえてやめる

chapter 3

他人に振り回されるのを、やめる

chapter 4

ものわかりのいい人を、やめる

chapter 5

バカ正直に考えるのを、やめる

●ブックデザイン・DTP
吉崎広明（ベルソグラフィック）
●漫画
にしだきょうこ（ベルソグラフィック）
●企画協力
ネクストサービス株式会社（代表 松尾昭仁）
●執筆協力　川見敦子（感情マネージメント協会）
●編集　岩川実加

chapter

1

思い通りになると思うのを、やめる

case

01

自分次第でないものを気にするのを、やめる

「自分次第ではないもの」を気にしていると、心はどんどん疲れてきます。なぜなら、結果がどうなるやら……ハラハラ、ドキドキさせられるからです。

明日の天気がどうなるか。今年の景気はよくなるか。上司は私をどう評価しているか。同僚はどんな風に思っているか。どれも自分次第ではありません。

もちろん、よい結果が出るように努力することはできます。

でも、相手がどんな評価を下すのか、最後の最後はその人次第。**「こうなって欲しい」と願うことはできても、自分で選べるわけではない**のです。

自分次第でないものに思いを寄せるのは、ギャンブルと似ています。

自分の買った馬が一着になるかどうか。ハラハラ、ドキドキするのは当たり前でしょう。賭けた金額が多ければ多いほど、心はザワザワしてきます。

でもそれは、自力でどうにかできる余地があるのでしょうか？

「どうか一着に入って！」と馬券を握りしめても、紅茶を飲みながら優雅に過ごしても順位は同じ。どんな気分で過ごそうが、この手の結果は変わりません。

要するに、**必死になるだけ気持ちがムダ**なのです。

ギャンブルは、そのムダをハラハラ、ドキドキ楽しむもの。

ですが、職場は競馬場ではありませんし、そもそも楽しみに来ているわけではないのです。上司が何をいってくるのか。同僚がどう思っているのか。

そんな**他人次第のものに自分の心を賭けるなんてバカらしい**。

ある人材企業に勤める女性がこういっていました。

「上司が気分屋なので、イライラしていないか気になってしまって……」。なんと彼女は、翌週の上司のご機嫌を日曜の昼から気にしているというのです。

もちろん、「穏やかでいてくれたらな……」と願うのは自然なこと。

ですが実際に、上司がどんな気分で出社してくるかは完全なギャンブルです。

前の日の晩、夫婦ゲンカをして不機嫌なままかもしれません。体調が芳しくなくてピリピリしている可能性だってあるでしょう。

その場合、あなたにどうにかできる余地はありません。ドギマギしても結果は同じ。そんな不確定要素のかたまりに、大切な心を委ねるのはリスクが高すぎます。楽しい気分で日曜の午後を過ごしても、翌日の「出る目」は変わらないのです。

気がかりが増えれば増えるほど、心は疲弊していきます。

自分次第でないものを気にしてすり減るのはもうやめることです。たとえば、景気や社会情勢、会社の売上、上司の評価、同僚の気持ち、「いいね！」の数。

気にしてもしなくても、結果が変わらないものは忘れてしまって大丈夫。

頭ではわかる……。それでも気になってしまったら……？

「明日の天気で悩んでいるのと同じだよな……」。**より単純なものに置きかえて、自分次第でないものに心を賭けていることを思い出してください。**

もちろん、それらをよく知って対策したり、改善したりすることは大切です。自分にできることをするため、情報として知っておくことは必要でしょう。

自分次第のことに集中していれば、心はあまり疲れません。やることを書き出したり、明日の準備をしたり、伝え方を考えたり。これらは、他人次第のギャンブルと違って、「やろう」と思えば確実に結果が出せるもの。つまり、ハラハラ、ドキドキする理由がない。だから、疲れないのです。

自分次第でどうにかできること以外は、なるべく頭から追い出すようにしてください。背負っていた荷物を降ろしたときのように、すっと心が軽くなるはずです。

まとめ

▼

自分次第でないものは必要以上に気にせず、頭から追い出してしまう

case 02

正しさにこだわるのを、やめる

哲学者、ソクラテスはこういっています。

「誰ひとりとして悪を欲する者はいない」。

どんな悪事も「悪いことをしよう」と思ってするわけではない、という意味です。

「いや、どう思っていようが悪いことは悪いし、間違っている！」。

その通り。たとえば、犯罪行為は間違っていますし、正しくはありません。

でも、そういった行為に至った経緯や理由はかならずあります。つまり、**どんな行為であっても「その人なりの正しさがある」**ということです。


どちらが正しいかで争った経験はあなたにもあるでしょう。

「いや、それは間違ってるよ」「どう考えても正しいのは私でしょ？」「常識で考えれば……」「普通に考えて……」。あなたは「自分が正しい」と思って主張しているはず。ですが、それは相手にとっても同じことなのです。

「間違っている」と思って何かを主張する人はいません。

どちらも「私のほうが正しい」と思っているのです。**正しさを巡って不毛な戦いを続けていれば、心はみるみるすり減っていきます。**

なぜ私たちは、こうも正しさを振りかざしてしまうのでしょうか。

端的にいえば、「人は悪を懲らしめるのが好きだから」です。善を勧め、悪を懲らしめる。いわゆる「勧善懲悪」にはエンタメの要素があります。

たとえば、アンパンマンや水戸黄門は勧善懲悪の代表例。ばいきんまんや越後屋のような悪役を懲らしめて、ハイ一件落着。昔から変わりません。

いつも似たようなストーリー。それにもかかわらず人気が衰えないのには、きちんと理由があります。じつは、**悪人を懲らしめることは「気持ちいい」**のです。

太古の昔、狩猟採集時代をイメージしてください。

私たちの祖先は、マンモスを狩ったり、果物をとったり、木の実を集めたり、ほぼ例外なく集団で助けあいながら生活していました。

生き延びるには、足並みを揃えなくてはならない過酷な時代。身勝手な輩が1人でもいれば、わが身にまで危険が及びます。「ルールを乱すヤツは排除しなければ……」。そうすることに気持ちよさを感じる方向へ進化の圧力が働いたのです。

そして、私たちの心のしくみは、この頃につくられたもの。だからこそ、**私たちは「悪い人」や「間違っている人」を本能的に許せない**のです。

悪人を打ちのめす気持ちよさ、間違いを正す爽快感。

一瞬、スカッとするかもしれません。でもそれは、**心の穏やかさとはかけ離れたもの。**正しさへのこだわりは、間違いを探すことを意味します。「悪いヤツはいないか？」目を皿のようにして、正すべき対象を探すことになるでしょう。

とはいえ、客観的に間違っていることはありますし、それは正すべきです。

遅刻を繰り返したり、いつも同じミスをしたり、パワハラ発言をしたり……。

それらは、会社という集団において明らかに「悪いこと」です。でも、思い出してください。どんな行為にも「その人なりの正しさ」があることを。

「どう考えても自分のほうが正しい」と感じたときほど注意しましょう。相手にもそう思うだけの理由がありますし、それは本人にとって正しいものなのです。

「絶対に自分は正しい」と悪を懲らしめる前に、こう尋ねてみてください。

「なぜそれが正しいのか、私も理解したいので教えてもらえませんか？」。

自分の正しさにこだわらず、相手にとっての正しさを問うのです。きちんと耳を傾ければ、相手もあなたの正しさを聞こうとするでしょう。

正しさを巡る戦いに付きあわないこと。勧善懲悪の誘惑に負けないでください。そうすれば、ムダに心がすり減ることもなくなるはずです。

まとめ

▼自分の正しさにこだわらず、相手にとっての正しさに耳を傾ける

case 03

完ぺき主義を、半分やめる

「ひとつでもミスがあると許せなくて……」。

「なにごとも完ぺきでないと不安になる」。

「こんなのじゃダメ、妥協できない！」。


よくいわれることですが、完ぺき主義は心が疲れます。


ということは、きっとあなたもわかっているはずです。

完ぺきとは、いわば到達不可能な理想像。高い場所を目指す分、時間も労力もかかります。それがわかっていて、なぜ完ぺき主義を続けてしまうのでしょうか？


端的にいえば、「役に立つ部分もあるから」です。

完ぺき主義の人が手を抜くことはありません。その結果、より質の高い仕事ができるでしょう。それは、会社やお客様にとって喜ばしいこと。

「よくやってくれた」「すばらしい」「さすが」。**完ぺき主義は、賞賛という恩恵を与えてくれます。だからこそ、カンタンにやめられない**のです。

とはいえ、そういった恩恵にあずかるにもコストがかかります。自分に対する評価は常に厳しいものになるでしょう。周りの目も気になってしまうかもしれません。何よりやっかいなのは、イライラが増えることです。

イライラの「苛」とは、本来「草木のトゲ」を意味します。ちくちく神経を刺激してくるイヤな感覚。これは、計画や想定を外れたことを報せるサインです。

完ぺき主義の人が立てる計画は、たいていキツキツ。スキマがありません。物事を綿密に考える分、ズレが生じる頻度も上がります。それはつまり、イライラする回数が増えるということ。**心が疲れてしまうのは当然**といえます。

では結局、どうすれば完ぺき主義をやめられるのでしょうか?

まずは、**完ぺき主義を「完ぺきに」やめようとしないこと**です。

完ぺき主義の人はゼロか100か、シロかクロかで考えてしまいがち。当の完ぺき主義に対しても「全部やめなきゃ」と思っていないでしょうか。そういう極端をやめようというのです。まずは半分だけ、完ぺき主義をやめてみてください。

具体的には、**事前の完ぺき主義はそのままで、事後の完ぺき主義だけやめる**のです。仕事に取り組む前、準備や練習などは高みを目指せばよいでしょう。でも、それが終わって結果が出たタイミングで、すっぱりと完ぺき主義を、やめる。

たとえば、商談に行く前に資料をチェックしたり、時間を確認したり、話す内容を見直したり……。事前にできることなら、ぜひ完ぺきを目指してください。

でも、どんなに備えたところで結果が出るかどうかはまた別の話。

「ダメだった、商談は不成立……」。このとき、もし完ぺき主義のままだと?「なんで思った通りにならないんだ!」。イライラは避けられないでしょう。

では、そのタイミングで完ぺき主義を手放せていたら?

「こういうこともあるよ、ま、仕方ない」。

商談の結果を決めるのは、あくまでもお客様。よい結果を目指して努力することはできます。でも、商談が成立するかどうかは自分次第で決められません。
つまり、**やるだけやって結果そのものは割り切ってしまう**のです。

完ぺきを目指すのは、決して悪いことではありません。
仕事のヌケモレにいち早く気づけたり、遅れが出ないように予定を微調整したりもできます。でもそれは、よい仕事をするための手段であるはずです。
心が疲れてしまっては元も子もありません。完ぺき主義の恩恵にあずかりながら、コストは手放していく。**メリハリのある完ぺき主義を心がけてください**。

生まれ持った完ぺき主義の傾向を否定する必要はありません。うまく使えば、それはあなたの人生の助けになってくれるでしょう。

まとめ

▼ 完ぺき主義を「完ぺきにやめよう」とせず、半分だけやめてみる

case

04

安心材料を探すのを、やめる

いつも不安でいっぱい
安心のための材料を探す旅に出た
山に登り
海に潜った
南極にも
ジャングルにも行った
安心材料が見つからなくて
よけい不安になっちゃった…

突然ですが、今あなたは分かれ道に立っています。

一方の道が指しているのは「不安」の方面。もう一方は「安心」方面に向かう道です。

さて、あなたはどちらの道を進みたいと思うでしょうか。

まず迷いなく、「安心」への道を選ぶはずです。


人は誰でも、不安を避けて安心を求めます。いえ、人だけではありません。イヌでもネコでも、動物はみんなそう。不安を感じるほうに近づくのは身の危険につながります。**安心できる、安全なほうに向かうのは動物の本能**といえるでしょう。


仕事をしていれば、不安を感じることはあるものです。

「ミスしていないか、心配だな」「間違っていたらどうしよう……」。不安は、安全確認のための感情。安心材料が欲しくて落ち着かなくなるでしょう。

でも、だからこそ行動を起こすモチベーションが生まれます。情報を調べたり、もう一度チェックしたり、誰かに聞いたりして安心したくなる。

もし不安の感情がなければ、そうやって動くこともありません。するとと、間違っていたり、ミスを犯したり、よくない何かが起きます。そうならないように行動させるための動機づけ。それが不安という感情の役割です。

不安は役に立つ感情。ですが、振り回されるとやっかいです。

「仕事の進め方、これで合っているのか……？」気になって上司に尋ねるのは問題ありません。でも、一度聞いても不安が消えなかったら？　毎回「大丈夫ですか？」と確認することになります。**あなたも上司も心がすり減ってしまう**でしょう。

安心を求めて行動を起こす。それは人として自然な反応です。

とはいえ、それによって欲しかった安心材料がかならず見つかるとは限りません。反対に、不安材料が見つかってしまうこともあるでしょう。

不安は、「未来のリスク」に備える反応です。たとえば、来週のプレゼンがうまくいくか不安だとします。いてもたってもいられず落ち着かない。何か行動を始めるはずです。

資料にヌケモレがないか見直したり、話す練習をしたり……。

「不安の動機づけ」にしたがって行動を起こすでしょう。するとモヤモヤがすっと軽くなる。なぜかというと、行動することで安全確認できたからです。

とはいえ、何が起きるかわからない未来のリスクに対し、完ぺきに備えることなどできるでしょうか？　不可能です。一抹の不安はかならず残ります。**不安をキレイにぬぐい去ろうと躍起になっていれば、心はどんどん疲弊していきます。**

私自身、どちらかといえば、不安を感じやすいほうの人間です。

新卒で入ったメーカーの営業をやっていた頃も不安だらけでした。

「このやり方で大丈夫ですか？心配で……」。しつこく安心材料を求める私に、ある先輩がこういいました。「不安なのはわかるけど、保証書はないからね？」。

「100％、大丈夫」みたいなお墨つきを求めているように見えたのでしょう。

それから数十年がたって、今の私はこのように思います。

「安心材料は探すものではない。自分でつくるものだ」と。

「来週、控えている仕事が不安……」。でも、安心材料を探し回る必要はありません。単純な話、今できる行動をすればよいのです。「何度も見直した、オーケー」「できる限りやった、これでいこう」。安心材料は外に求めず、自分でつくり出すもの。

不安は、たいていリスクを大きめに見せてきます。それが的中することはまずありません。不安になりやすい人ならなおさら、それが現実化する可能性は低いでしょう。

一抹の不安が残っていても、思い切って踏み出してみてください。きっと「なんだ、心配するほどではなかったな」とわかるはずです。

まとめ

▼ 安心材料は外に求めるのではなく、自分の行動でつくり出す

case
05
未来の感情を決めるのを、やめる

「今日1日気分よく過ごすぞ」「今週は絶対に落ちこまない！」「楽しく仕事するって決めたのに……」などと、未来の感情を決めたりしていませんか？
だとしたら、それは心がすり減ってしまう原因のひとつです。

感情にはスイッチもボタンもついていません。「落ちこみを消して、そろそろ元気をつけるか」。照明の切り替えとは違うのです。実際、ほとんどの感情が意志とは関係なく湧いてきます。**自分次第でオンオフできるような代物ではない**のです。

そもそも、感情というのはいったい何なのでしょうか？

カンタンにいえば、「起きた物事に対する反応」です。
たとえば、「収入が減った」という物事に対し、心はどんな反応を返すでしょうか。健康な人であれば「不安」を感じます。**不安は準備や対処を動機づける大切な感情**です。もし不安がなければ、何の行動も起こさないでしょう。

では、山を歩いていてクマに遭遇したら？　よほど腕っぷしに自信がない限り、普通は恐怖を感じます。**恐怖は「危険の回避」を動機づける感情**です。

「ここにいちゃいけない！」、強烈な不快さを感じさせる。

だからこそ、一刻も早くその場から離れたくなるのです。


こういった反応を意志で止めるのはカンタンではありません。

感情のしくみは、たとえば「運動すると息があがる」「暑い場所にいると汗をかく」のような生理的な反応のひとつ、と考えればよいでしょう。


今日1日、来週いっぱいどんな物事に遭遇するかはわかりません。

もちろん、それによって感情がどう変わるかも未知数です。

それを前もって決めてしまうと、少々おかしな現象が起こります。

落ちこんだ自分に落ちこんだり、イライラした自分にイラ立ったり。自分の考えによってネガティブな感情を増やしてしまう。**疲れるのは当然**でしょう。

もちろん、ちょっとしたことなら、決めた通りの感情に戻せるときもあります。でもそれ以上に、コントロールがきかない場合のほうが多いはずです。

もし誰かのミスで理不尽に怒られたら？　穏やかに過ごすのは難しくなります。予想していなかったトラブルに見舞われるかもしれません。そうなれば、決めたはずの「よい気分」や「楽しい」も、どこかへ飛んでいってしまうでしょう。

重要なのは、それ以上、自らの考えで追い打ちをかけないことです。

理不尽や不都合に見舞われた上、決めた以外の感情を持ったせいで自分に叱られる。この**「自分いじめ」をしていると、心はどんどん疲弊していきます。**

では、自分にできることは何もないのでしょうか。物事が起きるがまま、それによって振り回されるしかないのでしょうか。そんなことはありません。「未来の感情」は決められない。でも、**「未来の行動」を決めることはできます。**

たとえば、「今日1日をいい気分で過ごそう」と思ったとします。
まずは「イヤな気分になってはいけない！」などと感情を決めるのはやめてください。「楽しく過ごせたらいいな」、願望レベルに留めるのがポイント。

その上で、**イヤな気分が湧いてきたらどうするか、事前に行動を決めておく**のです。たとえば、「10分間、ぼんやりネコの動画を観る」のように、なるべく具体的なものがよいでしょう。こういった行動ならば決めても差し支えありません。なぜなら、感情と違って、そうするかどうかは自分次第で決められるからです。

感情にこだわるのではなく、行動にこだわってください。そう感じた自分をいじめる回数が減れば、自然と心が疲れることも減るでしょう。

まとめ

▼ 未来の感情を決めるより、感情が揺れた場合の行動を決めておく

case 06

「ある前提」でものを見るのを、やめる

まったく同じ物事でも、どう感じるかは人それぞれ違います。「納得できない！」と不満を訴える人もいれば、「このぐらいで十分」と満足を覚える人もいます。疲弊しやすいのはもちろん前者、不満を感じてしまう人のほう。

では、それらの違いはどこから生じるのでしょうか。それは「前提」です。物事を「なに前提で見ているのか」で気分はがらっと変わります。


水が半分入ったコップをイメージしてみてください。

「半分しか入っていない」と怒る人もいれば、「半分も入っているよ」という人もいます。不満を感じてしまうのは「ある前提」、つまり、満タンを基準に半分を評価しているからです。**「ある前提」はないもの、足りない部分に目を向けさせます。**

「満タン入っているのが普通なのに！」満たされない。それが不満です。「ある前提」でものを見ていると、**だんだん心がすり減っていきます。**

一方、同じ物事にも満足を感じられる人は「ない前提」、空っぽを基準に、そこから半分を評価しています。「ないと思っていたのに、こんなに？」。

「ない前提」はあるもの、足りている部分に目を向けさせます。

だからこそ、**自然と満足感や充実感が湧いてくる**のです。


たとえば、仕事でイベントを企画していたとします。それが天候トラブルで中止になってしまいました。この状況を満タン基準、「ある前提」で見るとどうなるでしょうか。「こんな日に限って最悪」「やってきたことがムダになった」。

どうしても失ったものに目が向いてしまいます。もちろん、少しぐらい嘆くのを否定はしません。でも、ずっと嘆いていても事態はよくなりません。

では空っぽ基準、「ない前提」で見た場合、どんな考えになるでしょうか。「次回やるときのいい練習になった」「準備期間、楽しかったね」。手元にあるものに自然と目が向くはずです。結果的に、ポジティブな感情が湧いてくるでしょう。


「ある前提」か「ない前提」か。前提を選ぶ大切さについて、私も身に染みて実感したことがあります。

私は視覚障害者、あまり目が見えていません。20代の後半、緑内障という病気にかかってしまったのです。右目はほとんど失明に近い状態。左目は真ん中の辺りが見えています。でも、そこから見える視力は矯正して0・08が限界です。

当時の私は、自分が置かれた状況を「ある前提」で考えていました。「もう普通に見ることはできない」「これからは本も読めないのか」。満タンを基準に評価するわけです。失ったもの、足りないもののことで頭がいっぱい。

この頃の私はため息ばかり……。いつも心が疲れていたように思います。

心が軽くなってきたのは、「ない前提」で見るようになってからです。

「まったく見えなくなったわけじゃないし」「工夫すれば本も読めそうだな」。だんだん失っていないもの、まだあるものに目が向くようになりました。

すると「これだけ見えれば十分か」。満足を感じるようになります。実際、生まれつき盲目の人もいる中で、それまで私は普通に見えていたのです。

「何ならむしろありがたいのでは？」と今では思ったりもします。

ポイントは、物事ではなく、考え方のほうに目を向けること。

たとえば、あまり仕事のできない、のほほんとした上司が異動してきたとしましょう。「上司なんだし、仕事ができて当然でしょ！」。「ある前提」で見ていると、不満やイライラは避けられません。そんなときこそ「ない前提」で見るのです。

「大変だけど、人当たりは悪くないんだよな」「ちゃんと感謝してくれるし、そこは助かるかも」。「ない前提」で、あるものに目を向ければ感情も変わります。

失礼な話、不満を持ったところで上司の仕事っぷりは変わらないのです。ならばせめて、自分の内面ぐらいは気持ちよく過ごしてはどうでしょうか？

「ある前提」から「ない前提」へ。ものを見る基準を変えれば、心のすり減りはマシになります。不満を感じたときは、ぜひ思い出してください。

まとめ

▼「ある前提」で不満を訴えるのをやめて、「ない前提」で満足を増やす

case

07

「どうすれば解決できる？」を、やめる

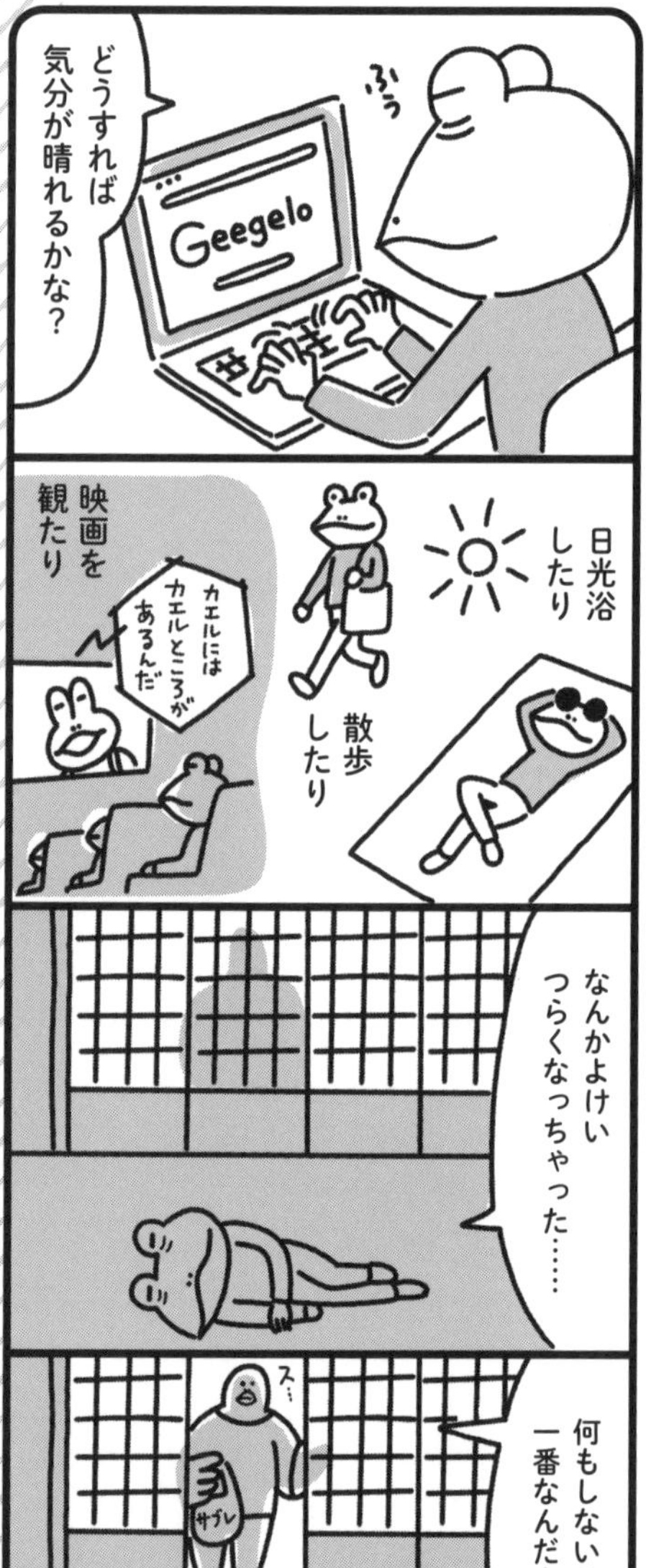

ビジネスとは、消費者やお客様企業の問題を解決すること。「どうすれば解決できるのだろう?」。仕事において、こう自問自答するのはとても大事です。でも、この問いを立てるかどうかは慎重に考えてください。

なぜなら「どうやっても解決できない問題」もあるからです。中には**「解決しようとするほどこじれる問題」もあります**。たとえば「うつ病」はその代表例でしょう。

うつ病を患っている方と話すと、高い確率でこう聞かれます。「これってどうすればよくなるんでしょうか?」。「何かをすればよくなる前提」なのです。でも、何かをしてうつ病がよくなることはほとんどありません。なぜかというと、うつ病の治療というのは「何もしないで過ごす」が基本だからです。「どうすれば解決できる?」が逆効果となる典型例といえます。

人間の体や心は自然の産物です。とくに何かをしなくても、本来自ずとよくなる力を持っています。必要以上に手を加えれば、問題が悪化することも少なくありません。実は

この構図、人同士のやり取り、人間関係でもよく起きているのです。

たとえば、職場でイヤミをいってくる先輩がいるとします。

「どうすれば解決できるのか？」と考えるはず。ですが、その場合の解決とは、どんな意味なのでしょうか。多くはこういったニュアンスでしょう。

「どうしたら相手をやり込められるか？」「打ち負かすにはどうすればよいか？」。いわゆる「ぎゃふんといわせたい」が本音ではないでしょうか。

確かに、よい方法があれば一瞬すっきりするかもしれません。

でも、たいていの場合、相手のイヤミはさらにヒートアップします。なぜかというと、相手も「どうすれば解決できるか？」同じように考えるからです。

こういった構図を心理療法では「偽解決《ぎかいけつ》」といいます。

問題を解決しようと取った行動が裏目に出る、いわゆる悪循環です。

たとえば、母親が子どもに「勉強しなさい」といったとしましょう。

「今からやろうと思っていたのに……」。誰かに行動を強制されると、それに反発したくなるものです。勉強を始めない子どもに対し母親は「どうすれば？」と考える。そして、より大きな声で「勉強しなさい！」と怒鳴ることになります。

「どうすれば？」で直感的にひらめくのは、偽解決の可能性が高いのです。

もちろん、取り組み次第で解決できる問題はたくさんあります。

でも、何をやっても解決しない、もしくは、やればやるほどこじれる、「偽解決では」と思ったら？　まずは問題を解決しようとする考え方をやめましょう。

代わりに、**問題を解消する「問題解消思考」を試してみてください**。

問題解決とは文字通り、問題を解決しようとすること。ですが、問題解消はまるで違います。**「それを問題として認識しないためにどうするか」を考える**のです。

では、イヤミをいう先輩について、問題解消思考で考えてみましょう。

「悪意を向けられている」と思うから、それを問題視してしまうのです。

でも実際、それはあなたへの悪意ではなく、単にその人自身の心の問題。

「かわいそうに、うまくいっていないことがあるんだな」「不満や不安をぶつけているだけだ」「お気の毒に。真に受けたりせず聞き流してあげよう」。

あくまでも相手側の問題なのです。それを自分の問題にする必要はありませんし、ましてや、あなたが代わりに解決してあげる義理はありません。

「何をしても解決しそうにない」。そう思ったら問題解消思考を思い出してください。

「すっきり解決」とはならなくても「問題を問題視しないこと」はできます。心の逃げ道を確保できれば、必要以上にすり減ることもなくなるでしょう。

まとめ

▼何をしても解決しない場合は、「問題解消思考」で心を逃がす

chapter

2

ポジティブ思考を、あえて

やめる

case

08

感情コントロールを、やめる

「感情コントロール」ができるのはすばらしい。それができれば、あらゆることがうまくいくでしょう。ただし前述した通り、感情にはスイッチもボタンもついていません。厳密にいえば、**感情コントロールは不可能に近いこと**なのです。

それは、たとえば「不老不死」のような、人が持つ願望に近いでしょう。

「できたらいいな」。そうやって憧れるぐらいなら害はありません。でも、実現ほぼ不可能な願いに固執していたらどうなるのでしょうか？　「不老不死の秘薬を探す旅に出て早死に」のような、本末転倒なことが起きてしまいます。

感情コントロールについても同じです。「そうしなければ」と深刻になると、よけい感情に囚われてしまう。これは、**心が疲れやすい原因のひとつ**です。

理性と感情。さて、どちらがどちらを支配しているのか？

「理性が感情を支配しているに決まっているじゃないか」。そう思うかもしれません。でも実際は、両者の関係が逆転することはよくあります。

神経科学者のマイケル・ガザニガの言葉がわかりやすいでしょう。

「意識の仕事は、無意識が下した判断に筋の通った物語をつけ加えることだ」。

意識は理性、無意識は感情といい換えても差し支えないでしょう。**感情が判断を下し、そうする理由や手段を理性が考える。**要は、後づけするのです。


たとえば、気乗りしない予定をドタキャンするときなどがそう。

「あまり行く気がしないな……」。そんなときは「行けない理由」がいくらでも湧いてきます。漠然とした「イヤだな」という感情が先にあり、ドタキャンする理由を理性が探してくる。支配どころか、ときに理性は感情のいいなりなのです。


もちろん、常に感情が優位にあるわけではありません。だからといって、理性で感情をコントロールできるわけでもない。**両者の力関係は、危うい**のです。

では結局、どうすれば感情とうまく付きあえるのでしょうか?

「感情は生き物」と考えると付きあい方が変わります。乗馬でたとえるのがわかりやすいでしょう。感情は馬、理性はそれに乗る騎手にたとえられます。目標を決めたり、計画を立てたりするのは理性、騎手の役割。でも、実際に跳ねたり走ったり、動きを生み出すのは？　馬のほうです。

馬は、車のような機械とは違います。自らの意志を持った有機的な存在であり、騎手の判断で自由自在にコントロールできるわけではありません。**馬の気持ちを無視してムチ打っていれば、いうことを聞いてくれなくなるのは当然**でしょう。

実際、上手な騎手ほど馬との関係を大切にするもの。馬に振り落とされてしまうのは、馬を車のように、モノのように動かそうとしているからです。理性と感情の関係についても同じことがいえます。

馬、もとい感情は、行動を起こすための動機づけです。もし感情がへそを曲げてしまえば、どんなに強く意志で決めても体は動いてくれないでしょう。

まずは**感情を強引にコントロールしようとしない**ことです。

では、不安やイライラといったネガティブ感情が湧いてきたら？

そう感じるに至った理由や経緯、背景を突き止めてください。


たとえば、不安はリスク、未来の危険を知らせる警告信号です。そのリスクに対して備えたり、用意したりすることで不安は自然と消えていきます。

不安を消そうとせず、「そう感じる理由」のほうを消すのです。


感情そのものを好き勝手にどうこうすることはできません。

そう感じたことを疑わず、心が動いた理由を観察してみましょう。感情を振り回すのをやめれば、感情に振り回されてすり減ることもなくなります。

まとめ

▼
感情をコントロールしようとせず、そう感じた理由に意識を向ける

case

09

「ネガティブ禁止」を、やめる

「ネガティブな言葉は絶対に使わない」「いつも前向きな言葉を使いましょう」「否定的な言葉はこういい換えよう」。ネガティブ言葉をやめるように勧める本はたくさんあります。でも、それはいつでも常に正しいことなのでしょうか？

結論からいえば、ネガティブな言葉を禁止するのは危険な場合もあります。なぜなら、**否定的で後ろ向きな言葉にも使うべきタイミングがある**からです。

「え？　ネガティブな言葉でも使っていいの？」。「使ってもよい」のではありません。むしろ積極的に使わなくてはならない場面があるのです。

たとえば、あなたが雪山に登る計画を立てているとします。

「無事に帰れるのか不安……」「もし遭難したらどうしよう」「この計画でホントに大丈夫か？」。ついネガティブな言葉が出てしまうかもしれません。

それに対し、根っからポジティブな友人がこういいました。

「大丈夫だって、何とかなる」「心配しても楽しめないよ？」「もっと気楽に考えよう！」。

ポジティブに計画したほうが楽しいのは確かでしょう。

でも、遭難して救助を求めるのは、たいていこういう人です。


ポジティブな人はリスクの見積りが甘くなりがち。一方、ネガティブに考えられる人は「もしも」に備えます。ネガティブが真価を発揮するのは、危険や困難に挑戦するとき。

不安や心配は、身を守るために生じる重要な感情なのです。


「ネガティブ禁止ルール」がある会社に勤める女性はこういっていました。

「ポジティブな言葉を期待されるのが何だかつらくて……」。

たとえば、会議で「この日程だと間に合わないのでは?」などと発言すると、上司から軽くにらまれてしまう……。「オーケー、もっと前向きに考えて?」。

でも実際はというと、読み通り、遅れが出ることが多いそうです。


ネガティブ言葉を禁止すると、危険や困難への対処が甘くなります。ミスや失敗、納期遅れ……、うまくいかないことが増えるのは予想できた結果でしょう。

そんなことを繰り返していれば、もちろん心は疲弊していきます。

ネガティブな言葉を使わず過ごせるなら、それに越したことはありません。それすなわち平和である証拠。危険や困難がなければ、備えも対処も不要です。でも、想定外の逆境やトラブルはいつでも起こります。失敗が許されない状況もあるでしょう。ネガティブな言葉が頼りになるのは、まさにそういうときなのです。

肯定的か否定的か。気持ちいいかそうでないか。

それだけで判断していると大事な部分を見落としてしまいます。「何のためのネガティブ言葉なのか」。**重要なのは、言葉の目的を考えること**です。

「もうダメ、何をしたってムダ」「絶対失敗する、諦めたほうがいい」。

状況を嘆くような言葉は何のために湧いてくるのでしょうか？　「立ち止まるため」です。こういった悲観的なネガティブは確かにやめたほうがよいでしょう。

でも、**未来を見据えた建設的なネガティブもあります。**

「今のやり方だとうまくいかない」「このまま進めてもムダになる」。言葉としては後ろ向きなものでしょう。でも、これらは決して立ち止まるための言葉ではなく、むしろ止まらないため、前に進むための言葉です。

後者の場合、悲観して現状を嘆いているのではありません。そんな現状を打破するため、ただ思案しているだけなのです。

「ネガティブは禁止」。大まかな括りで自然な感情を無視しないように。悲観的なネガティブか、建設的なネガティブか。言葉の目的をよく考えてください。

危険や困難を乗り越えるためのネガティブならどんどん使って構いません。それによって適切な備えができれば、ミスや失敗ですり減ることも減っていきます。

まとめ

▼ネガティブ言葉すべてを禁止せず、建設的なネガティブはどんどん使う

case

10

「うわべポジティブ」を、やめる

「うわべポジティブ」とは、本当はネガティブな気分なのに、言葉だけポジティブに振る舞うことをいいます。要するに、本心をごまかしているのです。

口にしないからといってネガティブな感情が消えるわけではありません。それは、不安や憂うつ、イライラといった感情のサインを見過ごす危険な行為。

「うわべポジティブ」を続けていると、だんだん心は疲れてきます。

もちろん、ネガティブな感情をまき散らしてよいわけではありません。

いつもため息をついていたり、「しんどい」「つらい」を繰り返したり、グチや不平不満をいったりしていれば、周りの人が疲弊してしまうでしょう。

ポジティブに振る舞えるのは、確かにすばらしいことです。

でもそれは、あくまでも「そうであるに越したことはない」レベルの話。

「不安になっちゃいけない」「イライラするべきではない」「憂うつになるのはダメ」「ポジティブにならなきゃ！」。それはさすがに行き過ぎでしょう。

なぜそうまでしてポジティブにこだわってしまうのでしょうか？

日本ポジティブ心理学協会代表の宇野カオリ氏によると、「自己啓発ブームによってポジティブ心理学が浸透した」といいます。

その際、根づいたのが「ネガティブは悪、ポジティブでいよう」という極端な認識。ポジティブ礼賛を後押ししたのは「メディア等の影響」だそうです。


ポジティブはよい。となれば、ネガティブは悪い。よいものを求め、悪いものを避けるのは当然でしょう。結果、生まれたのが「うわべポジティブ」です。


ネガティブ感情とは赤信号のようなもの。それを無視するツケは小さくありません。

米国ではすでにトキシック・ポジティビティ（有害なポジティブさ）という言葉があるぐらい。本心をごまかし、ポジティブを演じるのはもうやめましょう。


迷ったときは、自分自身にこう問いかけてみてください。

ポジティブでありたいのか？　それともポジティブに見せたいのか？

「うわべポジティブ」になるのは、そう見せることが目的になっているからです。自分の心よりも「人からどう見えるか」のほうが大切なのでしょうか？

だとすれば、心がすり減ってしまうのも当たり前です。

そしてそれは、まったくポジティブなことではありません。

普通に仕事をしていれば、不安やイライラといったネガティブな感情を持つほうがむしろ健康的です。そこにあるものを「ある」というだけのこと。

常に本音をぶちまける必要はありませんが、本音を把握しておくことは大事です。**「自分がどう感じているのか」を言語化する習慣をつけてください。**

1人でいる時間にぶつぶつ口にしたり、ノートに書きなぐったりするのもよし。信頼できる友人がいれば、「実は」と打ち明けるのもよいでしょう。

きれいにまとめる必要はありません。大事なのは感情と言葉を一致させること。言語化によって「どう感じているか」を客観的に把握することができます。

実際、カウンセリングをしていると「話していて今気づきました」といわれることがよくあります。**言葉にしなければ、本心などわからない**ものなのです。

ポジティブさがすばらしいのは間違いないでしょう。大事なのは、そうありたいのか？　それとも、そう見せたいだけなのか？　この問いを忘れないでください。

ポジティブさとはネガティブな感情を隠すことではありません。

不安や恐怖心、それらをしっかり感じながら、それでも前向きな判断や行動を選択できること。それが本来のポジティブさです。見せものではないホンモノのポジティブさが身につけば、心の疲れを溜めこむクセも消えていくでしょう。

まとめ

▼ うわべポジティブでごまかさず、本心を言葉にする習慣をつける

case 11

「自信を持とう」を、やめる

「もっと自信を持とう」とアドバイスする人がいます。でも、自信なんて持とうと思って持てるものでしょうか。本来、自信とは行動し、結果が出ることで自然と身につくもの。経験や実績が少ないうちは「自信がない」がむしろ普通でしょう。

「自信がないから行動できない」という人は少なくありません。

その理屈でいえば、行動するには自信が必要ということになります。すると、自信を持つことが目的になってしまうのです。でも、**自信とは結果であって目的ではありません。**そこをはき違えると、進むべき道を間違えてしまいます。

「手っ取り早く自信を持つには?」。要は、近道を探そうとするのです。たいていの人は、ここで「他人から認められよう」と選択ミスを犯します。

他人からの評価で自信を持とうとするのは危険な発想です。

たとえば、学歴や会社名に固執したり、過去の実績にすがったり、フォロワーの数を誇ったり……。「見えやすいもの」で自分の力を示そうとしてしまいます。

この手の**社会的評価にしがみつくのは、自信がない心理の表れ**です。

もし、思ったように他人が認めたり、褒めたりしてくれなければ？　自分を信じられなくなる……。こちら側に決める権利はありません。「どう思われるのか」ビクビクしながら過ごすことになります。**心がすり減らないほうが変**でしょう。

哲学者のエピクテトスはこういっています。「その人が望むものを与えたり、奪ったりできる力を持つ人は、その人にとっての主人である」。**「認められたい」と思ったら、それは相手に対し、精神的に隷属するのと同じこと**なのです。

誰かに認めてもらわなければ、自分のことを信じられない……。それは果たして自信といえるのでしょうか？　いや、いってみれば「他信」でしょう。

結局のところ、近道して手に入れた「他信」はもろいのです。

とかいう私自身、書いた本のレビューを読んで一喜一憂することはあります。正直、「星五つ」がつくとうれしいし、「星一つ」だと悲しい。ですが、そういった社会的評価によって自信を持ったり、失ったりしないように注意はしています。

そうしないと、他人の評価に仕える奴隷になってしまうからです。

確かに、他人からの評価は心に力を与えてくれます。お墨つきをもらった自分を信じるのはさほど難しくないでしょう。権威ある人からの賞賛であればなおさらです。でも、**重要なのは、誰も認めてくれないときにこそ、自分を信じ抜けるかどうか。**

迷ったり、疑ったり、後ろを向いたりしながらでも構いません。自信がないならないままで、それでも行動を起こせるかどうかが本当の勝負どころです。

私も決して自信満々なタイプではありませんし、視覚障害を負ってからは特にそう。自分の選択や行動すべてを信じられなくなった時期もありました。

そんな過去を思い出し、弱気になることは今でもあります。

だからといって、自信がないことを理由に立ち止まることはしません。

それをすると、永遠に止まってしまうことを知っているからです。

「自信がない、だから行動できない」のではありません。

「行動しない、だからいつまでも自信が身につかない」が正解。自信を行動の前提にしていると、ずっとその場で足踏みすることになってしまいます。

大丈夫です。あなたが思っているほど、皆が自信を持っているわけではありません。堂々として自信満々に見える人がいる？　十中八九、「他信」でしょう。**自信は見せものではありませんし、外からは見えたりしないもの**です。

「自信を持とう」とするのはやめましょう。自信はなくても、「こうだ」と思うことがあるなら、人の顔色をうかがったりせず挑戦してみてください。

行動が重なれば、自ずと結果が出るものです。遠回りでもホンモノの自信が身につけば、他人の評価を気にして心がすり減ることもなくなるでしょう。

まとめ

▼他人からの評価で自信を持とうとせず、自信がなくても行動を起こす

case

12

「ポジハラ」を、やめる

悩んでいる人にポジティブな助言をしたことはないでしょうか？

「何とかなるでしょ」「前向きに考えて？」「元気出さなきゃダメ」。自分の調子がよく、前向きな気分のときなどは特にそうでしょう。相手の気持ちを考えず、軽くポジティブを押しつけてしまいがちです。


他人の悩みがカンタンそうに聞こえるのは、当事者としての感情がないから。本人からすれば、「とてもそうは思えない……」ということもあるでしょう。

最近では、ポジハラ（ポジティブ・ハラスメント）という言葉もあるぐらいです。よかれと思って掛けた言葉が、逆にイヤな思いをさせることもあるのです。

あなたもいつの間にかポジハラをしてしまっていないでしょうか？


逆の立場で考えてみましょう。たとえばあなたが、仕事で大きなミスをして落ちこんでいるとします。見かねた同僚が笑顔でこう声を掛けてきました。

「落ちこんでも仕方ない、もう忘れて前向きに考えよう！」。

その通り。同僚のいっていることは間違いではありません。でもそれは、周りの第三者ではなく、あなたの口から出て初めて意味のある言葉です。

何度も前向きなアドバイスをされたらどう感じるでしょうか？「カンタンにいうな」「それができたら苦労はしない」「何も知らないのに」。ポジティブの押しつけによって、よけいな悩みを増やしてしまう。これがポジハラです。

もちろん、励ましが常にポジハラというわけではありません。

「その通りだね、ありがとう」。素直に受け取ってもらえる場合もあるでしょう。**重要なのは、アドバイスに対する反応をよく観察すること**です。

「その通りだね、でも……」。やんわり拒否されたら？　それは、ポジティブを受けいれる準備が整っていないということ。頭ではわかっても、感情が納得してくれないのです。どんな伝え方をしても、助言の類は跳ねつけられるでしょう。「せっかくアドバイスしたのに……」。それでは**あなた自身の心まで疲れてしまいます。**

なぜ私たちはポジティブを強制してしまうのでしょうか？
簡潔にいえば、「ネガティブな空気に耐えられないから」です。

感情は人から人へと伝播します。不安を訴える人が近くにいれば、自分も落ち着かなくなりますし、憂うつな人を見ているとこっちまで落ちこんでくるもの。

グチや不平不満、他人のネガティブというのは聞くに堪えないときがあります。感情の伝播によってイヤな気分をもらってしまうからです。そんなときは落ち着いて聞いてなどいられません。つい何か口をはさみたくなってしまうでしょう。

私自身、カウンセラーとして軽いポジハラをしたことは何度かあります。そうなってしまうのは、たいてい自分の心にゆとりがないときです。心配ごとがあるとか、気掛かりで上の空のときなどは、ぽろりとアドバイスが出てしまいます。

ネガティブに耐えられない。だからポジティブを強制してしまうのです。

もちろん、真剣に相手のためを思ってアドバイスすることもあるでしょう。でも、**本当に相手のためを思うなら、何もいわずに聞いてあげることも大切**です。

「悩みや問題を共有してもらえた」という経験は、人の心を落ち着かせます。冷静さを取り戻したタイミングで、そのとき初めて助言をすればよいのです。心の準備さえ整っていれば、すんなりポジティブを受けいれてくれるでしょう。

誰かの悩みに何かいいたくなったら、自分の心に目を向けてください。「黙って聞いていられない……不安をもらったかも」。

つい口を開いて、ポジティブを押しつけてしまわないように。

相手の感情が落ち着いたタイミングで、軽めにアドバイスを伝えましょう。そうすれば、言葉を拒否されてすり減ってしまうこともなくなります。

まとめ

▼

ポジティブの押しつけをやめて、何もいわずに話を聞いてあげる

case 13

「ストレスはよくない」を、やめる

「怒りっぽい上司がいてストレス」「仕事のストレスが溜まってきつい」「ストレスであまり眠れなくて……」。「ストレスはよくないもの」というのは、現代人にとって常識といえます。ところが、この考え方には危険な落とし穴があるのです。

そもそも「ストレス」とは、いったい何なのでしょうか？

ストレスについて理解するには、それを2つに分解する必要があります。「ストレッサー」と「ストレス反応」です。**ストレッサーとは「物事の変化」**を意味します。そして、**その物事に対する「心身の反応」がストレス反応**です。

ストレスといえば、仕事の量や人間関係をイメージするかもしれません。でも、「物事の変化」ですから、実際は他にもさまざまなものがあります。

たとえば、あなたがいる部屋の温度を何度か上げたとしましょう。

すると、体はどう反応するでしょうか？　汗をかくはずです。

汗は体温を下げるために生じる生理反応。この場合、「気温が上がった」がストレッサーで、それに対し「汗をかいた」がストレス反応になります。

次は「初対面の人と会う」というストレッサーを考えてみましょう。多少なり「緊張」というストレス反応が生じるはずです。「何も緊張する必要なんてないのに……」と思うかもしれません。でも、本当にそうでしょうか？

人間の心身のつくりは狩猟採集時代からほぼ変わっていません。

当時、私たちの祖先は１００人ぐらいの集団で生活していました。「会ったことがない人」などいなかったでしょう。「初対面の人」とは得体が知れない不審人物なのです。すぐ逃げ出せるように警戒し、心身が緊張するのは自然な反応といえます。

ストレッサー（物事の変化）に対し、ストレス反応（心身の反応）が生じる。一連のシステムをまるっとまとめて「ストレス」と呼んでいるのです。

変化に適応するためのしくみが「悪いもの」なはずがありません。

では、ストレスにまつわるいったい何が悪さをしているのでしょうか？

90年代、米国で行われた大規模な追跡調査によって、強いストレスがある場合、死亡リスクが43%も高まることが判明しました。「ホラやっぱり、ストレスが悪いんだ」。そう思うかもしれません。でも、重要なのはここからです。

死亡リスクが上がったのは、高ストレス状態の人のうち「ストレスは健康に悪い」と考えていたグループのみ。同じ高ストレス状態の人でも「ストレスは健康に悪い」とは考えていないグループに、死亡リスクの上昇は見られませんでした。

ストレスそのものではなく、**「ストレスは悪い」という考えが死亡リスクを上げていた**ことになります。「ストレスはよくない」は危険な考え方なのです。

「なぜこんな不思議なことが?」と思うかもしれません。

でも、よくよく考えてみれば、これは予想できた結果です。

普通に生活していれば、物事の変化、ストレッサーとの遭遇は無数にあります。気温の変化もあれば、初対面の人と会うこともあるでしょう。一つひとつを「悪い」とみなしていたら? 外へ出るだけで心はどっと疲れてしまいます。

想定外が起きる度に「悪いものにさらされた」「危険なものに触れてしまった」。そう認識すること自体がストレッサーなのです。自分の考えによって無用なストレス反応を増やしてしまった。それが健康被害につながった一例でしょう。

「ストレス学説」の生みの親、生理学者のハンス・セリエはこういっています。

「ストレスは人生のスパイスである」。決して悪いものではないのです。

ストレスはよくも悪くもない、「変化に対する反応」に過ぎません。

「ストレスをゼロにしよう」などと必死にならないように。スパイスとして味わえる程度、「ストレスを楽しむ」ぐらいの認識がちょうどよいでしょう。

まとめ

▼「ストレスはよくない」と忌避したりせず、適度なストレスを楽しむ

chapter 3

他人に振り回されるのを、やめる

case

14

「なぜあの人は？」を、やめる

「なんであの人はそんなことをするんだろう？」。

「私の上司はどうしてヒドイことをいったのか？」。

「あの人がそういう反応をしたのはなぜなのか？」。

他人の言葉や振る舞いが気になることはあるものです。頭の中が「？」でいっぱい。つい「なぜなのか？」と質問してしまいたくなります。


でも、他人に関する「なぜ？」はほどほどにしましょう。

どんなに考えても、他人の心の中はわからないからです。

本人に聞いても正しい答えが返ってくるとは限りません。**確かめようがないものについて考えていれば、心はだんだんすり減っていきます。**


人は未知のものに対し、反射的に「なぜ？」と問うクセを持っています。

心のしくみができた狩猟採集時代に戻って考えてみましょう。

たとえば、遠くの空で雷が落ちるのを発見した人がいたとします。

「なぜゴロゴロ鳴ったのか？」「どうしてピカッと光ったのか？」。私たちの祖先は、ことあるごとに「なぜ？」と疑問を持った「なぜなぜ族」です。
「ゴロゴロ鳴ったね」「ピカっと光ったね」「うん、そうだね」。
起きたことをそのまま受けいれた「あるがまま族」ではありません。

未知のもの、わからないことは不安や不快さを感じさせます。それが危険をもたらす可能性があるからです。起きた理由や原因、因果関係を知りたくて落ち着かなくなる。何についても「なぜ？」と問うた。だから生き残ることができたのです。

知ること、わかることは、安心や気持ちよさを感じさせます。

「なぜ？」の答えが正しいかどうかはあまり関係ありません。「なぜゴロゴロ鳴ってピカっとしたのか？」「空の神様がお怒りになっているからだよ」「そうか、なるほど！」。どんな答えでも心はすっきりするのです。

3、4歳の子どもが「なぜ？」を繰り返す「なぜなぜ期」があります。
「なぜ空は青いの？」「どうしてカレーは辛いの？」「なぜ小人がいるの？」。

求めているのは正しい答えというより、「わかること」そのもの。
もちろん、純粋な「知りたい」という好奇心もあるでしょう。でも、しつこく「なぜ？」を繰り返すのは、それが安心感や気持ちよさをもたらすからです。

たったひと言、発するだけでモヤモヤがすっきり、「わからない」が「わかる」に変わる。**未知を既知に変える魔法のことば。それが「なぜ？」**なのです。
何度も繰り返してしまうのも当然かもしれません。「なぜ○○なの？」「それはね……」。科学的に正しい答えでなくとも、子どもは満足してくれるでしょう。

「なぜあの人は？」。人の心情というのは、空が青い理由と違って正しい答えがありません。わからないことを考えていれば、当然、心はモヤついてきます。
では、それでも気になってしまったら……？　こじつけでも何でも構いません。ちょっと強引にでも、わからないモヤモヤを晴らしてしまうことです。

「なぜ上司はイライラしているのか？」。

「昨日家で何かあったんでしょ」「体調がよくないだけかもね」。「なぜなぜ？」聞いてくる子どもに応えるのと同じです。**正しさにこだわらず、疑問に応えてしまえばよい**でしょう。

あなたの感情は、正しい答えを求めているわけではありません。わからないことに不快さを感じているだけです。必要なのは答えではなく、疑問に応えること。「何かそういいたくなる事情があったんだろう、知らんけど」。何でも構いません。「？」に応えて不安を安心に変えてください。

他人についての「なぜ？」で悩み過ぎないように。大事なのはモヤモヤを残さないことです。どんな答えでも、返してしまえば心はスッキリするでしょう。

まとめ

▼ **「なぜあの人は？」の答えで悩まず、疑問に応えて気持ちを落ち着かせる**

case 15

人を変えようとするのを、やめる

「他人と過去は変えられない。変えられるのは自分と未来だけ」。あなたも一度ぐらいは聞いたことがある言葉でしょう。でも、「自分の何をどう変えればよいのか？」となると、多くの人が口をもごもごさせます。

実際、他人を思い通りに動かすことは、できません。他人はモノではありませんし、あなたの所有物ではないからです。その人次第のものを好きに動かそうとしていれば、不安やイライラといった感情は避けられないでしょう。思い通りに動かないどころか、まったく反対の動きをされてしまうこともあります。**そんなことが続けば、心が疲れるのは当然**です。

たとえば、こんな張り紙を見たことはないでしょうか？

「トイレをきれいに使ってください」。でも、最近はこういった表現はあまり見なくなっています。代わりに見かけるようになったのがこの手の表現。

「いつもきれいに使っていただきありがとうございます」。「ください」とお願いするのではなく、先にお礼を述べてしまうのです。なぜこんな表現に変わってきているかというと、シンプルな話、そのほうが人は動いてくれるからです。

「ああしなさい」「こうするべきでしょ」「なぜしないの?」。

行動を強制されたり、押しつけられたりするとあまりよい気分はしません。なぜなら**「自分で決める権利を奪われたこと」に不安を感じるから**です。

すると、「選択する自由を取り戻そう」という心理が働きます。

文句をいったり、反抗的な態度を取ったり、耳を貸さなかったり……。

そういった反応を専門用語で「心理的リアクタンス」といいます。

「勉強しなさい」と行動を強制された子どもは「抵抗しなくては」と感じます。勉強をしないばかりか、親や教師が嫌がることをするかもしれません。

職場にも「心理的リアクタンス」の例はたくさんあります。

自分から仕事の進捗を報告しない部下がいるとしましょう。

「なんで報告しないんだよ!」「自分からするべきでしょ」「次からいわれる前に報告しな

さい」。つい部下を動かそうとしてしまうものです。

決める自由を奪われた部下はどう反応するのでしょうか？

報告できない理由を述べたり、わざと報告を遅らせたり、ギリギリまで焦らせたり……。動かそうとした方向と反対方向に動いてしまうかもしれません。


とはいえ仕事ですから、ルールは守ってもらわないと困ります。そんなときこそ思い出すべきなのが冒頭の言葉。「他人は変えられない。変えられるのは自分だけ」。では結局、**自分の何を変えればよいのか？　それは「伝え方」**です。


「報告がないと、こちらも心配になってしまうんだ」。

「現状＋否定的な感情」を伝えれば、意図は伝わります。

「聞かれる前に報告してくれると、私も安心するよ」。

「理想＋肯定的な感情」で要望を伝えるのもよいでしょう。

こういった間接的な伝え方にどんな意味があるのでしょうか？

トイレの張り紙と考え方は同じ。「してください」と指示するのではなく、「どう思うのか」こちらの考えや気持ちをただ伝えているに過ぎません。

「行動を強制された」というニュアンスはほぼ感じないでしょう。**こちらの思いを中心に伝えると、心理的リアクタンスを軽減することができます。**


それでも思い通りに動いてもらえなかったら？　できるのは伝え方を変えるところまで。結果、思った通りに相手が動くかどうかはまた別の話です。

できることをやって見守る。そのぐらい力を抜いたほうが結果的に人は動いてくれるものです。少なくとも、心理的リアクタンスは確実に減らせます。

まったく反対の動きをされない分、心の疲れもマシになるでしょう。

まとめ

▼
人を変えようとするのはやめて、自分の感情を伝えるようにする

case 16

思いこみで自滅するのを、やめる

なんとなく、上司に冷たくされてるような気がする
仕事できないって思われてる？
書類、ミスした？
メール返信ないのは、避けられてる？
ニョロ〜
どうしよ
できてるはずだよね……
念のため確認してみるか
メールチェック
書類チェック
あの、私なにかミスしてしまったんでしょうか…？
ん？ べつに何もないと思うけど…
急にどうしたの？
あ――
ぜったい変に思われた
フラァ〜
何やってるんだろう私…

「私、あの人に嫌われているかもしれない」「仕事ができないヤツって思われていたらどうしよう」「みんなから陰口をいわれてるような気がする」。

思いこみかもしれない。でも、そうとしか思えないときはあるものです。

「私がそう思いこんでいるだけだよね……」。

頭ではわかっていても、不安は無限に湧いてきます。

不安とは、リスクに対し、行動するように動機づける感情。「何かしなきゃ」。いてもたってもいられなくなるはずです。よけいなひと言をいったり、不用意な振る舞いをしたり、必要以上に確認をしたり。いわゆる自滅をしてしまう。

思いこみに振り回されていれば、心が疲れてしまうのは当然でしょう。

人間を含め、動物は起きた物事を五感によって認識しています。視覚や聴覚で世界を認識している点は、イヌでもネコでも変わりません。

でも、認識したものの意味を考えるのは、私たち人間だけです。

たとえば、報告書を提出しにいった際、上司に目を逸らされた……。

「あれ……私って嫌われているのかな……?」。

認識した事実に対し、自分で意味を考えてしまうのです。


いったいなぜ私たちは意味づけをしてしまうのでしょうか?

「黒ネコが目の前を横切った、不吉だ……」。

意味づけが起きるのは、なるべく早く危険を把握するためです。

実際に不吉なことが起きてしまってからではもう遅い。前もって最悪のパターンを想定しておけば、身を守るための回避や準備をすることができます。

よい思いこみより、悪い思いこみのほうが多いのはそのためです。


こういった心の動きは、すでに紀元前には発見されていました。

この手の思いこみのことをギリシャ語で「パンタシア」といいます。英語のファンタジーの語源、つまり空想や妄想、幻といった意味です。

幻に惑わされてしまうのは、普遍的な悩みといえます。

言葉によって事実以上の意味づけをしたり、勝手な幻を見たりするのは誰にでもあること。それ自体、特に悪いものというわけではありません。

よくないのは、自らの手で幻を現実に変えてしまうことです。

カウンセリングをしていると、こう訴える方がたまにいます。

「私の人生、いいことなんてひとつもありません」。

「ひとつぐらいないですかね？」と聞いても、「ないです、悪いことばかり起きます」と聞きいれてもらえません。そう思いこんでいるのでしょう。

では、実際に悪いことが起きると？　「ホラ、やっぱりね！」。

どこか得意気に、何ならちょっとうれしそうなのです。思いこみが恐ろしいのは、それが現実であることを自ら証明しようとしてしまうこと。

幻を現実と思いこむことによって、自滅の悪循環が始まります。

人間関係がうまくいかない原因のほとんどが、それでしょう。

「嫌われているのかもしれない」「嫌がらせをされているのかも……」「あの人は悪意をもって攻撃してくる」。そう思ったら、こう口にしてみてください。
「そうかもしれないし、そうじゃないかもしれない」。

意味づけによって思いこみが生まれるしくみは変えられません。**重要なのは、それが客観的な現実なのか、主観的な幻なのか、自分でわかること**です。
「これは私が勝手に思いこんでいる可能性が高いな……」。

安心してください。信じさえしなければ、幻が現実になることはありません。事実以上のことを意味づけしていないか、客観視する習慣をつけましょう。
思いこみによる自滅がなくなれば、心のすり減りも軽くなるはずです。

まとめ

▼ 事実以上のことを思いこむのをやめて、幻の可能性に気づいておく

case

17

近すぎる人間関係を、やめる

人間は仲間と協力して分業する動物です。協力行為が前提である以上、関係をゼロにすることはできません。それに、人間関係の距離が近ければ、分担や連携も取りやすくなります。距離感が近いこと自体はさほど悪いものではないでしょう。

でも、あまりにも距離が近すぎると、心がすり減ってしまいます。なぜなら、お互いに対して不満を感じやすくなるからです。

ひとつの物事に対し、不満を感じる人もいれば、満足を感じる人もいます。その違いがどこから生じているのか、覚えているでしょうか？

「どの程度してもらえるのが普通なのか」。つまり、前提の違いです。

人間関係が近づけば、相手に対する期待値は上がります。

「これぐらいやってくれるだろう」「いわなくても察してくれる」「してもらえるのが普通」。高い期待値、「ある前提」で相手を評価してしまうのです。するとと、必然的にないもの、足りない部分に目が向きます。

お互いにイライラや不満を感じやすくなるのは当然でしょう。

相手に対する期待値の高さは、関係の親密さと比例します。赤の他人よりも同僚のほうが期待値は上でしょう。家族や親子になると、期待値のハードルはさらに上がります。「この程度ならいっても大丈夫か」「このぐらいわかってくれるよね」。もちろん、期待が常に満たされるわけではありません。

では、その見込みが外れたら？「裏切られた！」と感じてしまいます。**「親しき仲にも礼儀あり」とは、近すぎる人間関係に対する警句**なのでしょう。

実際、人間関係の距離を近づけてくる人はいるものです。それほど仲良くもないのにタメ口だったり、聞いてもいないのに考え方にアドバイスをされたり、病気のようなセンシティブな話題に踏みこんできたり……。物理的な距離感、体や顔をやたらと近づけてくる人もいるでしょう。人間関係が近づき過ぎないように注意する必要があります。

カウンセラーをやっていると、こういった距離感には敏感になります。プライベートな悩みを共有する分、どうしても関係が近くなりやすいのです。

経験上思うに、人間関係の距離を詰めるのはそんなに難しくありません。**難しいのは一定の距離感を保つこと。**こちらのほうがはるかに気を使います。

たとえば、深い話をしてどんなに打ち解けた場合でも「敬語を崩さない」など、親しいからこその、あえて距離を離すための考え方が大切なのです。

では、どう考えれば人間関係の距離を適度に保てるのでしょうか？

時間や労力など資源を注ぐという点で、人間関係は人生の投資。**関係が近いというのは、たった1人に多くの資源を投入しているということ**です。もちろん、関係がうまくいっている間はそれでもよいでしょう。

でも、距離が近づけば近づくほど、その分、お互いが不満を感じやすくなります。それはつまり、関係がこじれるリスクも上がるということです。

実際の投資でも、ひとつの商品への全額投資はリスクをともないます。

その場合、**いわゆる分散投資の考え方をすればよい**のです。家族や友人、ご近所、地域、趣味の人間関係など……。投資先が増えれば、一人ひとりに割ける資源は必然的に減ります。結果、近すぎる人間関係は自ずと解消されていくでしょう。

リスクを分散しておけば、心の安定を保つこともできます。

もちろん、本当に大切な相手と密接な関係を築くことも重要です。

活動を共にして、一緒に過ごす時間が長くなれば、自然と距離は近づいていきます。

重要なのは、必要以上に距離感を詰めようとしないことです。うまく距離を保てるようになれば、不満を感じて心が疲れることも減るでしょう。

まとめ

▼近すぎる人間関係をやめて、時間や労力の投資先を分散させる

case

18

皆から好かれようとするのを、やめる

人から好かれるのはステキなことです。でも、わざわざ好かれようとするのはやめましょう。特に「皆から」という点はすっぱりと諦めてください。

そもそも、「好いてくれるかどうか」最後の最後は相手次第です。他人次第のものに思いを寄せていると、相手の反応に怯えながら過ごすことになります。

皆から好かれようとしていれば、心はどんどんすり減っていくでしょう。

なぜ人は、他人から好かれようとしてしまうのでしょうか？

それは、「嫌われるのが死ぬほど怖いから」です。

「いや、死ぬほど怖いはいい過ぎでは？」。そう思うかもしれません。

実際、誰に嫌われたところで命が奪われることはないでしょう。

でも、そこに大きな恐怖を感じてしまうことにも理由があります。

心のしくみができた狩猟採集時代に戻って考えてみてください。人間は単独で生きられるほど、身体能力の高い動物ではありません。集団に所属し、お互いで助けあうこと。それが、過酷な環境で生き残るための唯一の手段でした。

集団から追い出される、それはつまり「死」を意味します。

「あの人がいても役に立たないよね」「いてもいなくても変わらないかも」「アイツがいると和が乱れる」。うわさ話に敏感になるのは当然でしょう。

私たちは、人の目を気にして生きていた古代人の子孫です。

嫌われることへの恐怖は、人間が持つ本能的なものといえます。


では嫌われないようにビクビクして過ごすしかないのでしょうか？

そんなことはありません。人は理性的に考えることで、恐怖を克服する力を持っています。**自然な恐怖心を認めつつ、それを理性で鎮めることが重要**です。


心理学者のカール・ロジャーズは「2対7対1の法則」というものを提唱しました。10人の人が「あなたをどう思っているか」の比率はこうなるといいます。

・2人……気が合う人（好かれる）
・7人……どちらでもない（無関心）

・1人……気が合わない人（嫌われる）

まず、10人中2人はあなたと気が合う人です。素のままで振る舞っていても、相手は無条件に肯定してくれます。

次に、7人はあなたに対し、特別な関心を持っていません。

問題は10人中1人いるという、まったく気が合わない人……。優しくしても「その態度がムカつく」などと嫌われてしまうのです。


この比率は、あくまでも目安として提唱されたもの。ですが、仮にそうだと考えると少し気がラクになりませんか？　**何をしてもしなくても、絶対に嫌われてしまう人がいる**のです。「なら仕方ないか」と前向きに割り切る気持ちが湧いてきます。


重要なのは、どちらでもない7人に対してどう振る舞うのか？

彼らは、あなたを無条件に好いたり、嫌ったりはしません。シンプルな話、利益を与えれば好いてくれるし、損害を与えると嫌われる。「だったら好かれるために努力をしなければ……」。そうやって不自然にすり寄らないほうがよいでしょう。

なぜなら、媚びを売ること自体が嫌われる原因になるからです。

おべっか、ゴマすり、へつらい。「好意を引き出そう」としているのは直感的にわかるもの。人は、そうやって他人から判断をコントロールされることに不快さを感じます。結局、**好かれようなどと考えず、自然体でいるのが最善**なのです。

「皆から好かれよう」などと考えるのはもうやめましょう。

そんなことをしなくても、素のあなたを好いてくれる人が2割もいます。

少なくとも、絶対に合わない1割の人を気にするのはやめてください。「どう思われるか」恐怖心が鎮まれば、落ち着いて過ごせる時間も増えるはずです。

まとめ

▼ **好かれようとするのをやめて、自然と気が合う人との関係を大事にする**

case

19

人の持ち物を見るのを、やめる

他人のものを見て「うらやましい」と思ったことはないでしょうか？
車や家、家電といったモノに限った話ではありません。容姿や学歴、才能、キャリア、家族、地位……。何にしたって「隣の芝は青く見える」ものです。

「うらやましい」が重なると「ねたましい」に変わります。

SNSなどによって他人の生活をカンタンにのぞき見できる時代。
隣人の日常がやたらとキラキラ、まぶしく見えるかもしれません。**「それに比べて私は」などと落ち込んでいれば、心は疲弊してしまう**でしょう。

なぜ「隣の芝が青く見える」のでしょうか？　それは、**他人が「自分の持っているものに加えて、自分にないものまで持っている」ように感じるから**です。

たとえば、あなたは「健康」を持っていて、「お金」を持っていないとします。もし隣人が「お金」を持っていた場合、「うらやましい」と青く見えるわけです。自分が持っている「健康」に加えて、自分にはない「お金」まで持っている。

そう認識すれば、当然、うらやむ気持ちも湧いてくるでしょう。


でも、なぜ隣人も「健康」を持っているとわかるのでしょうか？

実際のところ、隣人は「健康」を持っていないかもしれません。

人は、自分が持っているものについて「あって当たり前」と感じます。

ふだん私たちが、空気や地面を特別意識しないのと同じです。

あって当たり前のものは存在感もないし、その価値すらわかりません。そんな当然のものを「まさか持っていないとは」想像すらできない……。

これが「他人の芝が青く見える現象」のしくみです。


容姿もステキで能力もあって、お金も知名度も持っている。

一見、何でも持っているように思える芸能人はいるものです。

そんな人が「私なんか全然ダメですね」「何も持ってない」などと自分のことを下げるシーンを見たことはないでしょうか？　周りからチヤホヤされてもあまり実感がないのでしょう。どこか「何も持っていない」かのような気がしてしまう。

自分の持ち物を客観的に評価するのはカンタンではありません。

人は「あるもの」ではなく「ないもの」を見るクセを持っています。**「何を持っているか」より「何を持っていないか」に意識が向いてしまう**のです。

ある企業でメンタルヘルスの相談を行ったときのこと。管理職の30代の女性がこのようにいっていました。

「友人や同期は結婚、出産と前に進んでいるのに、私は仕事ばかりで何も変わらない。いつも焦っています……」。

その次に入ってきたのは、同じく30代の派遣社員の女性。

「周りより早く結婚、出産もして、ずっと家のことばっかりでした。同年代の人がキャリアを積み上げているのを見ると不安になります……」。

2人とも悩みの骨組みは同じ。自分の手元にあるものの価値を知らず、他人の持ち物をうらやんでいた。「隣の芝が青く見える現象」で悩んでいたわけです。

あなたも、人の持ち物を見てため息をついたりしていないでしょうか？

誰かをうらやましく思ったら、それを素直に伝えてみてください。きっとこう返ってくるはずです。「いや、あなたのほうこそ○○があっていいよね」。「え、それの何がいいの？」と思うかもしれません。

でも、持っていない人からすれば、「それ」は宝物に見えるでしょう。

重要なのは、あなたが持っている「それ」が何なのかを知ること。そして、他人からすれば宝物の「それ」を失ったりしないように、大切にすることです。

人の持ち物を見るのをやめて、代わりに自分の持ち物をよく見てください。他人がうらやむような何かを、きっとあなたも持っているはずです。

まとめ

▼人の持ち物をうらやまず、自分が持っているものをよく見て大切にする

case

20

「伝わる前提」を、やめる

「どうしてわかってくれないの？」「そういう意味じゃないんだけど」「ちゃんと伝えたはずなのに何か食い違ってるな」。いいたいことが伝わらないのは苦しいものです。誤解されたり、反論されたり、勝手な解釈をされたり……。

「伝わらない」が続けば、心がすり減ってしまいます。

同じ日本語なのに、なぜこうも伝わらないのでしょうか？

ひとつの言葉でも、その受け取り方は人それぞれ違います。

特に、**大きな違いが出るのが抽象的な言葉**です。たとえば、「目的」「原因」「能力」といった概念的なもの。共通の定義はあっても、受け取るニュアンスは十人十色でしょう。なぜ人によって解釈や受け取り方が違ってくるのでしょうか？

なぜなら、**この手の言葉には「実体が存在しないから」**です。

たとえば、「そこのペットボトルを取って」と伝えて紙コップを渡されることはまずありません。でも、「顧客の信頼を回復させる計画を立てて」と伝えたら？

逆に、思った通りのものを渡されることはほとんどないはずです。

ペットボトルのような実在するものは目で確認したり、指で差したりできます。でも、「顧客」や「信頼」は実体として存在しているわけではありません。

「言葉は同じでも違うものを指していた」なんてことはよくあります。

だとすれば、**誤解や食い違いが生じてしまうのも当たり前**でしょう。

愛情や信頼、正義、勇気、能力、平和……。大切なことというのは、たいてい実体のない、抽象的なものです。「同じ言葉なんだし、いえば伝わる」というわけではありません。

この手の言葉が出てきた場合は、細心の注意が必要となります。

では、どう気をつければ誤解や食い違いを防げるのでしょうか？

シンプルな話、**言葉のニュアンスを徹底的に確認すること**です。

「顧客」とは、具体的に誰を指しているのか？

「信頼」というのは、どういう状態なのか？

「回復」というのは、何をもって判断するのか？

ただし、確認するのは「一般的な定義」ではありません。私にとってのニュアンスを言語化したり、相手にとってのイメージを確認したりするのです。

重要なのは、「なんで伝わらないんだ？」を終着点にしないこと。むしろ**そこから始めるすり合わせ、それが本来的なコミュニケーションの性質**です。

これからは「伝わらない前提」を意識してください。伝わらない前提というと、ネガティブに聞こえるかもしれません。でも、効果はとてもポジティブです。

たとえば、伝えたいことが10あったとして、実際に伝わったのが5だったとします。その場合、「8ぐらい伝わるのが普通でしょ」と考えるのが「伝わる前提」。「5しか伝わらない……」となるため、当然、不満を感じることになります。

では、伝わる基準をもっと下げて考えるとどうなるでしょうか？

「2とか3ぐらい伝わればいいか」。これが「伝わらない前提」です。

「5も伝わったんだ、よかった！」と満足を感じることができます。

「伝わらない前提」といっても、「どうせ伝わらないし」とふてくされて諦めることではありません。**「ただ言葉にしているだけでは伝わらない」。その事実を受けいれた上で、それでも伝えることを諦めない姿勢のこと**をいいます。

「伝わる前提」ではなく「伝わらない前提」で話しましょう。

抽象的な、つまり大事なことを話すときほど気をつけてください。

「伝わらない前提」を心がけていれば、コミュニケーションのずれにも寛容になれます。

そうすれば、誤解や食い違いによって心が疲れることも減るはずです。

まとめ

▼
「伝わる前提」をやめて「伝わらない前提」で意味をすり合わせる

chapter 4

ものの分かりの いい人を、やめる

case

21

教えたがりに付きあうのを、やめる

「そこはこうするんですよ」「こうやったほうがいいね」。

職場でも、趣味の教室でも、どこにでも率先して何かと教えてくれる世話好きな人はいるものです。もちろん、困っているとき親切に教えてくれるのはありがたい。ですが、中には親切が高じて「教えたがり」になってしまう人もいます。

求めてもいないことについて、あれやこれやアドバイスされるのはなかなか苦しいもの。大して知りたくもないことを一方的に聞かされるのです。

教えたがりに付きあっていれば、心はすり減ってしまいます。

なぜ人は求められてもいないのに何かを教えたがるのでしょうか？

端的にいえば、**上からものをいうのは気持ちがいいから**です。

本来、人の上に立つことは、長年の努力や積み重ねの結果。一朝一夕に手に入るような立場ではありません。でも、「上か下か」は相対的、比較によって成り立つ概念です。自分より下の初心者がいれば、カンタンに人の上に立ててしまいます。

もちろん、純粋な親切心から教えてくれる人もたくさんいるでしょう。

でも、人の上に立つ気持ちよさは、麻薬のような中毒性があります。賞賛を糧に自信を得てきたような人は特に弱い。教えることではなく、それによって自分が気持ちよくなること。自分のために教える、それが「教えたがり」の心理です。


思想家の孟子はこのようにいい残しています。

「人の患いは、好んで人の師と為るに在り」。

「人には、偉くもないのに誰かの先生になろうとする悪いクセがある」という意味です。

なんと、紀元前の中国にも教えたがりがいたことになります。

個人の性格というより、人が持つ本来的な傾向なのでしょう。


実際、スポーツジムやゴルフの練習場に行くと、教えたがる人はたくさんいます。もし見かけたら、その言葉ではなく、実技のほうをよく見てください。

教えたがる人ほど、実際はそんなにうまくないはずです。

逆に、本当に上手な人が、教えたがることはまずないでしょう。なぜなら、わざわざ出向かなくても、「教えてください」とお願いされるからです。
教えたがるのは、どちらかといえば初心者に近いのかもしれません。

たしかに、人に教えることで知識や技術は深まります。言葉にする過程で覚えたことを反すうするからでしょう。

私自身、新たに知った知識を人に話すことがあります。話しながら「あれ？　これは理解を整理するための話だな」と気づいてやめることもしばしば。

あたかも教えるかのように話しながら、その実、自分のために聞かせているのです。生徒役を押しつけられた側はたまったものではありません。

どういえば、教えたがりをうまくかわせるのでしょうか？

「自分でやりながら覚えるタイプなので」。
「マイペースでやりたいし、大丈夫です」。
「教えてもらっている先生がいますので」。

先生役は不要であることを暗に伝えればよいでしょう。

どうしても言葉ではっきり断るのが難しい？

ならば、**極力あいづちを打たないようにすること**です。

話していて相手からあいづちが返ってくると、人は安心を感じます。反対に、あいづちがなかったり、数が少なかったりすると、不安になるのです。

「ん？ 人の上に立っているはずなのに、なぜか落ち着かない……」。教えているのに気持ちよくない。となれば、自ら先生の立場を降りるでしょう。

「この人、教えたがりだな」と思ったら、すぐに距離を取ってください。そうすれば、生徒役を押しつけられて、心が疲れることもなくなります。

まとめ

▼

「教えたがり」に付きあわず、あいづちを減らして生徒役を降りる

case

22

心ない言葉を真に受けるのを、やめる

乱暴な言葉づかい、小馬鹿にするようないい方、カチンとくるような物言い……。こういった「心ない言葉」をいわれると、誰だって傷つくものです。

クレーム対応をしているという30代の女性はこう話してくれました。

「説明してもわかってもらえないことも多く、中にはひどいことをおっしゃるお客様もいます」。**心ない言葉を額面どおり、真に受けていると心がすり減ってしまいます。**正面から受け取らず、軽くスルーできるようになることが大切です。

でも、いったい何のために心ない言葉で攻撃してくるのでしょうか?

実は、こういった言葉のほとんどは、攻撃ではなく「防御」なのです。

危機的な状況に陥ると、人の心身は「闘争逃走反応」を起こします。

文字どおり、「戦うか逃げるか」の二択を迫られるのです。このとき、判断の主導権を握るのは感情のほう。当然、冷静に考えることは難しくなります。

不安や恐怖に従って、どうにか危険を回避しようとするでしょう。

たとえば、山を歩いていてクマに遭遇したとします。じっと目を合わせたまま、立ち去る気配はありません。戦うか逃げるか。いずれにせよ、なりふり構わずクマを撃退しようとするでしょう。大きな声を出したり、物を投げつけたりするかもしれません。何のために？　クマに襲われないため。「身を守るため」です。

決していじめたり、いたぶったりして楽しんでいるのではありません。でも、クマからしてみれば、それは攻撃にしか映らないでしょう。

心ない言葉をぶつけてくる人も同じ。それは、**あなたに対する攻撃ではなく、身を守るための防御**なのです。この手の防御反応が強く出るのは、自分の身が危ういとき。たとえば、病気やケガをしたときなどがわかりやすいでしょう。

実際、医療現場のクレームにはひどいものもあります。「なんで治せないんだ、この役立たず」「黙って薬を出していればいいんだよ」「これで死んだらあんたのせいだからな」。ある看護師の方が苦笑いしながらこういっていました。「理不尽なことで怒られるのはしょっちゅうです」。

「どうにかして身の危険を回避しなければ……」。
なりふり構っていられない心境なのでしょう。もちろん、わが身が危ういからといって、ひどい言葉をぶつけてよいわけではありません。でも、不安や恐怖に駆られた人が、防御の名目で心ないことをいいがちなのは確かです。

では、心ない言葉はどのように解釈すればよいのでしょうか?

「怒っている」のではなく、「困っている」と解釈してください。

言葉をそのまま受け取ると、「怒っている」としか思えないもの。でも、目に映る表情が怒りだとしても、そんな顔をしているのは「困っている」からです。
どんな言葉であっても、それは「助けて」といっているに過ぎません。少なくとも攻撃でないことがわかれば、心が受けるダメージも軽減できるでしょう。

「でも、ちゃんと説明しても納得してもらえないんです……」。
必要なのは、説明や回答といった理性的な答えではありません。判断の主導権が理性側にまだないからです。**求められているのは、感情の訴えに応えること。不安や恐怖が「安心」に変わるような関わりが必要となる**でしょう。

たとえば、ゆっくりと落ち着いた、穏やかな声で「大丈夫です」といってみてください。重要なのは、その声に不安や恐怖がいっさい含まれていないこと。つまり、あなた自身が安心して、落ち着いていることが何よりも大切なのです。

そのためにも、心ない言葉を正面から受け取ってはいけません。

言葉の真意は、言葉ではなく、乗せられた感情のほうにあります。

ひどい攻撃に見えても、身を守るための防御であることを思い出してください。そうすれば、言葉を本気で受け取って、心が疲れることも減るでしょう。

まとめ

▼ 心ない言葉は真に受けず、「困っている」感情の訴えに耳を傾ける

case

23

「人のための親切」を、やめる

後輩との関係で悩んでいるという20代の女性。「彼女、仕事を溜めこむクセがあって、よく手伝ってあげるんです。でも、私が困っていても知らん顔で、さっさと帰っちゃいますね……。こんなことでモヤモヤする私は心が狭いんでしょうか？」。

困っている人がいたら親切にするように。

私たちは、そのように教えられて育っています。

転んだ人に手を貸したり、迷っている人に道を教えたり、「大変そうですね」などと気を配ったり。困っているのが仕事の仲間ならなおさら。「何か手伝えることはありますか？」といって手を差し伸べるのは当たり前のことです。

でも、親切というのは持ちつ持たれつ、お互い様が基本。

こちらが困っていても助けてもらえない……。**一方的な関係になれば、心がモヤつくのも当然**です。この場合のモヤモヤはどういう意味なのでしょうか？

人間が集団で生活する動物であることは、すでに示した通りです。

何の役目も果たさず、集団に守られることは許されません。分業、つまり助けあいの輪に参加する必要があります。それぞれ得意なことで他人を助けて、お互いに生存の確率を高めあう。それが私たち、人間という動物の生態です。

分業をしていることは、現代社会でも変わっていません。

たとえば、コメ農家の人はコメ作りに専念しますし、漁師はそれぞれ得意な漁をして魚を捕ります。生産したモノのうち余った分をお互いに交換しあう。

分業とは、交換による助けあいのシステムなのです。

「まったく助けあっている感じはしませんが……」。

市場やお金を介しているため、実感が薄いのでしょう。人の社会が分業と交換によって成り立っていることは、太古の昔から変わっていません。

重要なのは、交換には守るべきルールがあるということ。

文化人類学者のマルセル・モースは「贈与論」の中で、古今東西どんな社会においても、「贈与に対する返礼は暗黙的な義務」であることを述べています。

つまり、**「何かをもらったらお返しをしなくてはならない」**のです。

してもらって何も返さないのはルール違反とみなされます。

いつも「親切」をあげている。なのに、「親切」を返してもらえない……。モヤモヤするのは当然。それは泥棒されているのと同じことだからです。

もちろん、親切心というのは目に見えるモノではありません。

「泥棒です！」と通報しても取りあってはもらえないでしょう。

でも、心の動きとしては、どこか「奪われた気分」になります。お金を支払わない人に商品を渡さないのと同じ。**返さない人にあげる必要はない**のです。

それでも放っておけない？　ならば、何のために助けるのか、親切の目的を考えてください。おそらく「親切を返して欲しい」のような、お返し目的ではないはずです。困っている人を見過ごすのは、あなた自身が苦しいのではありませんか？

突き放せない。見て見ぬふりはできない。他人事として切り離せない……。心が優しい人ほど、こういった苦しみを背負ってしまうものです。苦しさから解放されたくて手を差し伸べる。その場合の親切心は「自分のため」ということになります。それがいけないという意味ではありません。それでよいのです。「人のため」などと気を張っていたら、心が疲れてしまいますから。

親切にするのは自分のため、すっぱり割り切ってしまいましょう。

奪われたと感じるのは「してあげたのに」と思っているからです。「返さないならあげない」か、もしくは「自分のためにあげる」か。いずれにせよ、「人のため」などと思って親切にするのはほどほどにしてください。

そうすれば、心の泥棒をされてすり減ることもなくなるでしょう。

まとめ

▼
「人のための親切」はやめて、「自分のための親切」と割り切る

case

24

罪悪感を溜めこむのを、やめる

「こんなことで罪悪感を持ってしまう私は変なのでしょうか？」。

ため息混じりにそう話すのは、外資系企業に勤める30代の女性。

ミスをして迷惑をかけたり、厳しい言葉をいったり、誰かを傷つけてしまったり……。

「悪いことをしたな」というときに湧いてくるのが罪悪感です。

でも、特別悪いことをしていなくても、罪の意識を持つことはあります。ちょっと仕事を手伝ってもらった。メールの返信が遅れている。お礼をいいそびれた……。「些細なことでモヤモヤする」という人は意外と少なくありません。

彼女もよく友達から「罪の意識なんて感じる必要ないのに」といわれるそうです。何でもないことに罪悪感を抱くのは、おかしなことなのでしょうか？　大丈夫。決して変な感情ではありませんし、むしろ健康な反応といえるでしょう。

罪悪感の本質は、ひと言でいうと「借り」にあります。

たとえば、ドイツ語で罪悪を意味する“Schuld”と、借金の意味を持つ“Schulden”は同じ語源から派生した言葉です。「お金を借りるのは罪」という意味ではありません。そうではなく、「借りっぱなしの状態」が罪悪ということです。

映画などでこういったセリフを耳にしたことはありませんか？

「ひとつ貸しね」「借りは返したぜ」。何であれ、借りっぱなしでいると心はモヤモヤするもの。借りを返してすっきりしたくなるのは自然な反応です。

人の社会において、「贈与に対する返礼が義務」であることはすでに説明したとおり。何かをしてもらったら、お返しをすることが求められます。

この暗黙的なルールの成立に合わせて、罪悪感のしくみが備わったのでしょう。こういったモヤモヤは、「借りを返しなさい」という警告だったのです。

罪悪感は、助けあって生き延びる動物、人間らしい感情といえます。

たとえば、同僚から旅行のおみやげをもらったとします。

今度自分がどこかへ出かけた際、ふとこう思い出すでしょう。

「そういえば、あの人におみやげ買って帰らなきゃ」。

借りっぱなしの状態を帳消しにしたくなるのです。


ここでもし「面倒だから、いいか」と借りを返さなければ？

悪いことをしたわけではありません。なのになぜか心がモヤモヤ……。

敏感な人なら、その同僚と顔を合わせるのを気まずく感じるかもしれません。**罪悪感とは、人間関係で泥棒をしないための大切な感情**なのです。


「何かわからないけど心がモヤモヤ、ざわざわするな」。罪の意識を感じたら、誰にどんな借りがあるのか思い出してみてください。

「そんな小さなこと気にする必要ない」と周りはいうでしょう。

でも、そう感じているのはあなた自身の心なのです。

同じ部屋にいても「暑いか寒いか」感覚というのは人によって違います。それと同じで、どう感じるかを他人の感覚と比べる必要はありません。

モヤモヤしている、あなた自身の肌感覚に従えばよいでしょう。

一般的に、罪悪感とは「償うもの」といわれます。でも、厳密にいえば、それは「返すもの」なのです。小さなチョコひとつあげるでもよし。「ありがとう、いつも助かってるよ」と、気遣いを乗せた言葉をお返しすることもできます。

それによって相手がどう感じるかは、あまり気にしなくて大丈夫。

「借りは返したよ」「これで貸しは帳消しね」。

大事なのは、あなた自身の気分がすっきりするかどうかです。

罪悪感に気づいたら、無視したりせず返すようにしてください。罪の意識を溜めこむクセがなくなれば、心のすり減りもマシになるでしょう。

まとめ

▼ **罪悪感を溜めこむのではなく、借りを返して気分をすっきりさせる**

case

25

「○○するな」を気にするのを、やめる

あれしちゃダメ。これしちゃダメ。

何かを禁止するメッセージは世の中にあふれています。

「怒鳴ってはダメ」「他人に迷惑かけちゃダメ」「不快にさせるのはダメ」。そのとおりだとしても、何でもダメダメ縛られると心が狭くなるもの。

もちろん、悪意をもって他人を害するような行為は許されません。

でも、**禁止や制限のメッセージが心を疲弊させるのも確か**です。

「○○するな」を気にしてすり減る必要はありません。なぜなら、そのメッセージを理解できている時点で、あなたは大丈夫な人だからです。

禁止や制限のメッセージは、「ある矛盾」をはらんでいます。

たとえば、山道の急なカーブなどで見かけるこういった看板。

「スピード出すな！」。たしかに、対向車が来ていたら危険です。

ゆっくり走行する必要があります。でも、それは誰に向けたメッセージなのでしょうか？　もちろん、スピードを出している人に対する注意喚起です。

でも、そんな人はとても看板など見ている余裕はないでしょう。反対に、看板を認識できる余裕があるなら、それほどスピードは出ていないはず。

禁止のメッセージは、それが必要な人にほど届きづらいのです。

「〇〇するな」は、伝えたい人にほど伝わりません。もちろん、まったく意味がないとはいいませんが、大きな効果がないことも確かでしょう。

警視庁が発信している動画にこんなものがありました。

「酔っぱらって道路で寝ない。見かけた人は一一〇番」。

動画を観ている人は十中八九、そんなことはしないでしょう。

逆に、酔って道路で寝るような人がこの動画を観るとは思えません。シラフのときに観たとしても、「自分は大丈夫」と思うもの。「見かけた人は」と呼び掛けているぐらいです。当事者にメッセージが届くとは思っていないのでしょう。

「パワハラしてはいけない」といったメッセージも同様です。

ある企業で管理職を務める30代の男性がこういっていました。「パワハラ対策研修を受けたのですが、いつの間にか自分も加害者になっているかもしれないと思うと不安で……。最近は、ただ部下と話すだけでも緊張してしまいます」。

2022年の4月、いわゆるパワハラ防止法が全面施行となりました。その影響で、パワハラ防止に関する研修が盛んに行われるようになったのです。

真剣に学ぼうとするのは、たいていパワハラとは無縁の善良な人たち。逆に、パワハラ予備軍の人ほど、「自分は関係ないね」とどこか他人事なのです。

実際、パワハラ加害者の声には、「よかれと思って」「本人のために」という言葉がよく出てきます。**よくない自覚がない**。**だからしてしまう**のです。

「○○してはいけない」。自覚がなければ、問題意識も生まれません。注意喚起のメッセージにも知らん顔でしょう。すると、何度もしつこく大きな声で警告することになります。

「するなっていってるだろ！　いい加減にしろ！」。

しない人ほど、「〇〇するな」を我が事として受け取ってしまいがちです。それ以上、禁止や制限のメッセージを気にして疲れる必要はありません。

反対に、「そんな人がいるんだね」などと他人事に感じたら？　自覚がない、ということは当事者である可能性を疑うほうが無難でしょう。そうやって「自分のこと？」と気にできているうちは大丈夫、ということです。

禁止や制限のメッセージは、あまり気にし過ぎないようにしましょう。「してしまっていないか？」そうやって自分を疑えているぐらいならまず大丈夫です。

ダメダメ縛りを真に受けて心が窮屈にならないようにしてください。

まとめ

▼「〇〇するな」はあまり気にし過ぎず、自覚の有無を気にかける

case

26

人の期待に応えるのを、やめる

「頑張ってね」「期待してるよ」「あなたならできる」。

誰かに期待されて悪い気はしません。応援してくれる人がいる。成果を待っている人がいる。そう思うと「期待に応えたい」と力が湧いてくるものです。

でも、期待を満たすことが当たり前になると、つらくなります。

「何を求められているのかな」「どう動いて欲しいのだろう」。**相手の要求を先回りしていれば、心がすり減るのは時間の問題**。「ちょっと疲れてるかも」。そう感じたら、期待に応えるのをしばらくやめてみてください。

「何を期待されているかわかるので、つい応えてしまいます」。

そう話してくれたのは介護の現場で働く30代の女性。

「喜んでもらえるのがうれしい反面、つらくなることも多い」そう。

「いきなり『裏切られた！』といって怒りをぶつけてくる人もいたり……、何のために頑張っているのか、わからなくなるときがあります」。

何をどのぐらい期待するのか。それは、その人次第です。

「できて当たり前」「そうするのが普通」「達成して当然でしょ？」。

「ある前提」で、高い期待を抱く人もいるでしょう。当然、いつもそれに応えられるわけではありません。不本意ながら思いを裏切ることもあります。

残念そうにため息をつかれたり、がっかりと肩を落とされたり、「失望した！」などと責められたり、不満の感情を向けられるのはつらいものです。

では、そういった不満の原因はどこにあるのでしょうか？

「期待を裏切った私が悪いんです」。それは違います。**勝手に期待をし、裏切られたといって不満を訴える。原因は、その人自身の心にある**のです。

心理学者のアルフレッド・アドラーはこういっています。

「あなたは他者の期待を満たすために生きているのではない」。

期待に応えることが目的になると、心は確実に疲弊していきます。

前述の女性はこうもいっていました。「要求を満たすと、だんだんそれが当たり前になるみたいで、注文されることが難しくなっている気がします……」。**満たせば満たすほど、期待のハードルは上がっていく**のです。

会社や上司は結果を期待してきます。もの分かりのいい人を期待される場面もあるでしょう。それを読み取れる繊細な人ほどこう思うかもしれません。

「勝手に期待して、がっかりするのはもうやめて欲しい」。

でも、**その「欲しい」もまた、あなた自身の期待**です。

他人に対し、こうあって欲しいと願うことはできます。でも、実際にどうあるかを決めるのは、あくまでもその人自身。アドラーの言葉には続きがあります。

「他者もまた、あなたの期待を満たすために生きているのではない」。

私たちは他人に対し、期待をしながら生きています。でも、それはほとんど身勝手なものなのです。願いが叶わないからといって失望するのはお門違い。それを認めることができれば、他人の期待に応える必要がないことも腑に落ちるでしょう。

会社が数字を期待してくるのは当然のこと。

もの分かりのいい人が歓迎されるのも当たり前です。

いい上司を期待されている？　そう思うのは自由でしょう。

人が何を期待するのか、それを侵害する権利はありません。

だからといって、勝手な期待に応える義務もないのです。


他人の期待を真に受けてすり減るのはもう終わり。

力を抜いて、もっと自然体で振る舞ってみてください。

「期待に応えなくては」などという呪縛は捨ててしまうことです。ずっと背負っていたプレッシャーを降ろせれば、心の疲れも和らぐでしょう。

まとめ

▼
人の期待に応えるのをやめて、
人に期待を押しつけるのもやめる

case
27
「ファインプレー」を、やめる

営業事務をしているという40代の女性がこう話してくれました。「急に人が辞めてしまい、3人で分担していた業務量をひとりでこなしています」。上司に訴えても「なんとか頼むよ」の一点張りだそう。「つらくないですか?」と問うと、「お客様に迷惑をかけたくないので、私が頑張るしかありません……」といいます。

そのとき、彼女にお伝えしたのが野球のたとえです。

あなたは外野手としてセンターを守っています。カキーンと外野フライが飛んできました。でも、レフトもライトもいません。外野の守備はあなたひとり。いつまでも捕り続けるのは難しいでしょう。では、ボールを落としてしまったら?

「何やってるんだよ、しっかり頼むよ」。監督に怒られてしまいます。

「観客を失望させたくない」。そういって頑張り続けるのでしょうか?

心が疲れきってしまうのは時間の問題です。ここは頑張ってはいけないところ。むしろ積極的にボールを落とすべきところでしょう。なぜなら、こういった問題の原因は、個人の側ではなく、管理やしくみといった組織の側にあるからです。

仕事をするにもやる気が湧いてこない、いわゆる「燃え尽き症候群」。ギャラップの調査によると、この**燃え尽き症候群の原因は5つある**といいます。

- 職場での不公正な扱い
- 対処不能なほど過大な業務量
- 求められる役割についての明確性の欠如
- マネージャーとのコミュニケーションや支援の不足
- 非合理な時間的プレッシャー

端的にいえば、**管理やしくみの不備が原因**ということでしょう。

少なくとも、本人の能力に関する要素はひとつもありません。それにもかかわらず、燃え尽き症候群はなぜか個人の問題として片づけられることが多いのです。

いったいなぜ、責任の所在がすり替わってしまうのでしょうか？

「心の問題、イコール病気」というイメージが強いからでしょう。

実際、世界保健機関が作成した診断分類（ＩＣＤ）の最新版には、「燃え尽き症候群」が病気として記載されています。でも、その原因は管理やしくみといった外側にあるのです。厳密にいえば、それは病気ではなく、「ケガ」の位置づけに近いでしょう。

骨折と同じように、外からの圧力によってポキンと心が折れたのです。

社会心理学者のクリスティーナ・マスラックはこう指摘しています。

「燃え尽き症候群が病気とみなされれば、それが組織の問題というより、個人の問題だと位置づけられてしまう」。

では、どうすれば心の燃え尽きから身を守ることができるのでしょうか？

組織の問題を個人がファインプレーでカバーし過ぎないことです。

野球のたとえでいえば、明らかに範囲外のボールはぽとんと落とす。たとえフォローできる能力があったとしても、あえてスルーすればよいでしょう。

「でも、それだとお客様に迷惑がかかってしまいます……」。

はい、だから落とすのです。

「クレームが増えた」「売上が落ちた」「返品率がえらいことに」。会社組織というのは基本、問題や損害が生じなければ動いてはくれません。

もし、あなたが頑張ってひとつもボールを落とさずにいたら？

「あの仕事はひとりで何とかなるんだね」と思われてしまいます。

管理やしくみの問題に対し、責任を負い過ぎないようにしましょう。

それは個人の能力を越えた問題であり、おそらくどうすることもできません。**ボールを落とし、問題を表面化させるのが最善の場合もある**のです。

ファインプレーの連続で燃え尽きないように。心のケガで痛い思いをするのはあなたです。数字や業績よりも、大切な心の健康を優先してください。

まとめ

▼管理やしくみの問題をフォローし過ぎず、時にはあえてボールを落とす

chapter

5

バカ正直に考えるのを、やめる

case

28

しなくていい仕事を、やめる

今から100年ほど前、経済学者のケインズは、ある講演会でこんな話をしました。

「100年後の未来、先進国では週15時間労働になっているだろう」。

残念ながら、多くの人が今も週40時間は働いています。

でも、もし本当はケインズの予測が的中しているとしたら？

1日5時間、「しなくていい仕事」をしている計算になります。


たしかに、やってもやらなくても支障が出ない仕事はあるものです。

状況を確認するだけの会議をしたり、誰も読まない資料をつくったり、目的もなくダラダラ残業したり、建前として「仕方なくやっている仕事」は確実に存在します。なぜ私たちは、「しなくていい仕事」をしてしまうのでしょうか？


政治学者のシリル・パーキンソンはこういっています。

「仕事の量は、与えられた時間をすべて満たすまで膨張する」。

この法則を聞いて「身に覚えがある」という人は多いでしょう。

たとえば、エクセルやパワーポイントで資料をつくるときなどがそう。

つくり物というのは、やるべきことが無限に見つかります。必要以上にこだわって、ムダな時間を過ごしていないでしょうか？「もっといいものをつくろう」。**時間があればあったたけ、「しなくていい仕事」に没頭することになります。**

「しなくていい仕事」をしてしまう理由は他にもあります。何もしないで過ごすのは身体的にラク。ですが、精神的には決してラクではないのです。

心のしくみができた狩猟採集時代に戻って考えてみます。
私たちの祖先が集団生活を営んでいたことは、すでに示したとおり。
ですが、それは「ただ群れで生きていた」という単純な意味ではありません。
一人ひとり、分業の輪に参加する必要があったのです。

自分の得意なことで誰かを助ける、全体の役に立つことをする。
何かしら役割を担わなければ、集団にいることが許されないピリついた雰囲気。皆が忙しくしている中、自分だけボーッと過ごすなどできるでしょうか？

もし自分の仕事が終わっていても、どこか気持ちが落ち着かないもの。

「何もしない」というのは、精神的な痛みを感じさせるのです。

私自身、社会人1年目は、夜の10時より早く帰ることはほぼありませんでした。なぜかというと、先輩や上司が遅くまで残って何かをしていたからです。「何もしないわけにいかない」と、わざわざ仕事を探していたように思います。

小説『キノの旅』に「仕事をしなくていい国」という話があります。

機械技術の発達によって、その国の人たちは労働から解放されました。

それにもかかわらず、人々は朝早くからある場所へ行って何やら作業しているのです。

不思議に思った主人公が「何をしているのか？」と尋ねると、驚きの答えが返ってきます。

「精神的に快適ではない刺激を受ける。それがこの国の仕事だよ」。

現代社会における「しなくていい仕事」を揶揄しているのでしょう。

100年前、ケインズが語った予測は、見事に的中していた。でも、私たち自身の判断で今も「しなくていい仕事」をしている。可能性はあるでしょう。

だとすれば、**あなたが「やめる」と決めれば、それはいつでもやめられます。**

実際、社会人2年目になった私はいっさい残業をしなくなりました。でも、それで営業成績が落ちることもなく、何も変わることはなかったのです。

「何の意味があるのかわからない……」。そんなことに時間を使っていれば、心が疲れてしまいます。

早く家に帰って家族と食事を楽しんだり、友人と遊びに出かけたり、読書や勉強の時間にあてたり、より意味のあることに使ってください。

「しなくていい仕事」ですり減るのはもうやめることです。

まとめ

▼「しなくていい仕事」をやめて、もっと意味のあることに時間を使う

case

29

「仕事が趣味」を、やめる

家に帰ってからの時間や休日にまで仕事のことを考えていないでしょうか？

繁忙期や「会社で残業できない」といった致し方ない事情があるのかもしれません。

でも、必要以上に仕事を持ち帰るのはやめたほうがよいでしょう。

「仕事が趣味」になって、だんだん心が疲れてしまうからです。

哲学者のバートランド・ラッセルは『幸福論』でこう語っています。「私たちは退屈を恐れている。退屈から逃れたいという欲望は人間本来のものだ」。

「時間があるのはよいことではないの？」。そう思ったかもしれません。

でも、この場合の退屈は、ただ時間があるというだけの暇とは違います。漠然と「なんか楽しいことないかな……」といってあくびをする感覚に近いでしょう。

「つまらない」「面白くない」。要は、刺激のない現状に飽きている状態。**毎日同じような日々が続くと、どこか空しさを感じてしまうのも確か**です。

では、こういった退屈をどうやって解消すればよいのでしょうか？

ラッセルはこうも語っています。

「退屈の反対は、快楽ではなく、興奮だ」。


たとえば、スポーツの試合を観戦したり、好きなアイドルの推し活をしたり、ジョギングやマラソンで汗を流したり、ゲームの世界を楽しんだり。確かに、趣味と呼ばれるものの多くにはワクワク、ドキドキ興奮の要素があります。

そういった**興奮要素を持たない人が、「仕事が趣味」になりやすい**のです。

仕事というのは、どこかゲームのような一面があります。

設定された目標に向かって仲間と協力し、達成すると報酬がもらえる。

難しい面をクリアしたり、高得点を狙ったり、強い敵を倒したり。

心の動きとしては、仕事もゲームも同じようなものなのでしょう。いわゆるワーカホリックとは、仕事というゲームにハマってしまった人のこと。

自身もワーカホリックだという30代の男性会社員はこう話してくれました。
「昔は仕事を楽しんでいました、でも今は『仕事しなければ』と感じます」。

いつの間にか強迫的な思いを感じるようになってしまったそうです。
家で家族と食事をしている最中も、頭は仕事のことでいっぱい。「取り憑かれたような、何かに追い立てられるような焦燥感」が常にあるといいます。

そんな生活を続けていれば、心がすり減ってしまうのも当然でしょう。

生活に、ある程度の興奮要素が必要なのは間違いありません。
とはいえ、何にでも限度がありますし、刺激に対する興奮には「耐性」もあります。同じ刺激であっても、繰り返していれば感度は鈍くなるものです。

「もっと刺激が欲しい」「より強い興奮を！」。激辛料理を食べても「全然平気」という人と同じ。より強烈な刺激を求めるようになってしまいます。

「仕事が趣味」を楽しめているうちはよいでしょう。でも、**「仕事しなくては」と思い始めたら、強制的なニュアンスを感じ始めたら注意してください。**

仕事はゲームと違って途中で降りることができません。

「今回もきつい仕事だったけど、何とかギリギリ間に合った……」などと「刺激的な辛さ」を楽しむようになったらワーカホリックの始まりです。

健全な趣味を持つか、退屈を楽しめるようになるとよいでしょう。

本来、「やるべきことがない」なんて最高にぜいたくな時間なのです。わざわざ刺激や辛さを求める必要はありません。「何もしない」を楽しんでください。退屈に対する恐怖がなくなれば、興奮を求めて心が疲れることもなくなります。

まとめ

▼
「仕事が趣味」をやめて、せっかくの退屈を楽しめるようになる

case 30

「結果を出そう」を、やめる

「結果を出そう」などと思ってはいけません。なぜかというと、結果とは、結果的に「出るもの」であって、意図して「出すもの」ではないからです。

結果的なものを目的にしていると、必ず「変なこと」が起きます。

本来、**結果はそれに向けて行動を重ねたことに対するご褒美**です。

いわゆる「おまけ」の位置づけで考えるとよいでしょう。

では、おまけを目的にすると、どんなことが起きるのでしょうか？

1980年代、ビックリマンチョコというお菓子が流行したことがあります。子どもたちの目当てはお菓子、ではなく一緒に封入されていたおまけのシール。レアなシール欲しさに商品を買い占めたり、本体であるチョコを捨てたり、シールを売買したり、「倫理的におかしいのでは？」と社会問題になったことがありました。

「次こそキラキラシール出ろ！」と必死だったのかもしれません。**おまけが目的になると、手っ取り早く結果を出すための近道を探してしまう**のです。

弓道の世界に「弓返《ゆがえ》り」という言葉があります。

弓返りとは、矢を放った際、弓が手の中でくるりと回転する現象のこと。これは正しい姿勢で矢を射った場合の結果、つまり、おまけに当たります。

弓返りできている人はカッコよく、何より熟練者に見えるもの。ですが、実力がないのに、意図して「弓返りさせよう」としてしまう人がいるのです。


弓はわざと返すものではなく、自然と返るもの。おまけの部分だけを、いってみれば、横取りしようとするのです。ぱっと見はカッコよく、上手に見えるかもしれません。でも、どんなに見た目がよくても、肝心の実力がともなっていないのです。

そんなことを続けていれば、いつまで経っても上達しないのは当然。**「どう見られるか」ばかりを気にしていると、心は疲れてしまう**でしょう。


かくいう私自身、この手のズルは何度もしたことがあります。

新卒で入社したメーカーで営業の仕事をしていた頃のこと。

どうしても、売上目標や達成度といった結果を求められるものです。でも、数値的な結果への近道はいくらでもあります。対象の期間を調整したり、比率の母数をいじったり、数字上、そう見せかけるのはそれほど難しいことではありません。

結果の目的化が過ぎると、近道どころか手段を選ばなくなるのです。

たとえば、調査結果のねつ造や税金逃れの粉飾決算といった話はよく耳にします。カンニングやドーピングなども結果の目的化が過ぎた一例でしょう。

「結果を出そう」は「結果を出さねば」にすり替わりやすいのです。

では結局、結果とはどのように向きあえばよいのでしょうか?

バドミントンの奥原希望選手は、リオデジャネイロオリンピックに向けた壮行会でこうコメントしています。「ガッツあるプレーを約束します」。

期待されていたのは「優勝します」や「金メダル取りたい」といったコメントなのでしょう。でも、優勝や金メダルなどの結果は、あくまでも結果的に出るもの。「出そう」と思って確実に出せるようなものではありません。

約束できるのは、たとえば、結果に向けて努力したり、全力を出したり、最後まで諦めなかったり、つまり、自身のパフォーマンスまで、なのです。

それならば、自分の意志次第で確実にコントロールできます。

会社や上司、他人が結果を求めてくるのは仕方がないでしょう。

なぜなら、周りの目には最終的な結果しか映らないからです。

でも、それは安易に約束するような性質のものではありません。

結果ではなく、それに向けたパフォーマンスのほうに責任を持ってください。結果は結果論と割り切って、プレーや仕事、それそのものを楽しむことです。

そうすれば、おまけに過ぎない結果で心が疲れることもなくなります。

まとめ

▼ **「結果を出そう」とせず、それに向けたパフォーマンスに力を入れる**

case 31

「○○できない」を、やめる

「目標が高すぎて達成できない」「人前で話すなんてできません」「取引先の頼みだ、断れない」。「〇〇できない」という言葉を使っていないでしょうか？

仕事以外、プライベートの場面でもよく思い出してください。「ダイエットできない」「運動できない」「禁煙できない」「貯金ができない」。つい「〇〇できない」といってしまっているかもしれません。

でも、この手の**「できない表現」はやめたほうがよい**でしょう。なぜなら、**いえばいうほど「そうできない理由」で頭がいっぱいになるから**です。

本来、「できない」という言葉は不可能であることを示す助動詞。ですが、日本語における「できない」は、意味が緩いのです。

たとえば、苦手な先輩から飲みに誘われたとします。あなたはどんな言葉を使ってその誘いを断るでしょうか？「〇〇なので行けません」と、「できない表現」で断るはずです。

でも、その言葉遣いは正しくありません。なぜなら、不可能な行為ではないからです。「行けない」ではなく、正しくは「行きたくない」でしょう。

実際に何か用事があってお断りする場合も同じです。悪いけど優先順位が低い。だから「行かない」が正解。たとえば、その誘いが苦手な先輩からではなく、意中の人からだったなら？　まったく同じ日時でも、喜んでリスケするのではないでしょうか？

そうやって間違った言葉遣いをしていると、ある問題が起きます。「行けません」「え、なんで？」。できない表現を使うには、理由が必要なのです。

お金がないから、仕事が忙しいから、奥さんが怖いから……。**原因や問題、張本人といった事情を思い出すことになります。**

たとえそれが本当のことでも、あまりよい気分にはならないはずです。「できない」といえばいうほど、そうできない理由で頭がいっぱいになってしまう……。**面白くもない事情を思い出すのです。心がすり減るのも当然**でしょう。

重要なのは、なるべく真実に近い言葉を選ぶこと。

ダイエットできない、禁煙できない、貯金ができない。やりづらい事情があるのは事実かもしれません。でも、その気になれば、どれも何とかやってのけるものです。実際は「そこまで本気ではない」が真実ではないでしょうか？

ならば、**何かのせいで「できない」のではなく、自分の判断として「しない」と正直にいえばよい**でしょう。失礼な話、どちらにしてもどうせやらないのです。

できない理由を引っ張り出して、わざわざ不快を増やす必要はありません。

飲み会を断る場合も同じです。「遠慮します」「今回は欠席で」。自分の意志としての「行かない」をソフトに伝える言葉を持っておくとよいでしょう。

では、仕事の場合はどう表現すればよいのでしょうか？

ダイエットや禁煙と違って、「しない」と断るわけにもいきません。

大丈夫です。同じように、本当のことを正しく表現してみてください。「実は達成する自信がなくて」「人前で話すのは正直怖いです」「断ってイヤな顔されるのはちょっと」。**大切なのは、本心と言葉を一致させること**です。

正直な気持ちを表現してみてください。そうすれば、**「客観的にできない」のではなく、「できないと主観的に思っているだけ」**だと気がつくでしょう。

「〇〇のせいで……」と言い訳がましく断るのは心が疲れるものです。難しいからといって、「できない表現」で本当のことをごまかさないでください。

正しい言葉を使えば、イヤなことを思い出す時間も減ります。

まとめ

▼「〇〇できない」でごまかさず、本心を正しい言葉で表現してみる

case

32

損得でムキになるのを、やめる

「どうしたらもっと得できるのか？」。

「損しないように気をつけないと」。

「自分だけ損するなんて許せない！」。


損得でムキになったり、必死になったりしていませんか？

もちろん、他人より得をしたい、損をしたくない。そう思うのは人間として自然なこと。

生きていく上で、ある程度の損得勘定は必要でしょう。

だからといって、**ムキになって損得を追いかけてはいけません。たとえそれで得できたとしても、代わりに大事なものを失ってしまうから**です。


あらためてよく考えてみてください。

損得は、自分次第で決められるものでしょうか？

たとえば、ポイントやマイルを貯めたり、セールや値引きをチェックしたり。確かに、自分の判断で「損するか得するか」を選べる場合も多いでしょう。

でも、いつでも常に自分で決められるわけではありません。

たとえば、株式や為替といった投資の場合はどうでしょうか？

会社の都合や世の中の動きといった自分次第ではないもので決まってしまいます。

ちょっとしたできごとで、今まで得していたものが急に損害に変わることもあるでしょう。

「こんなの理不尽だ」。いくら嘆いても抗うことはできません。


そんな不確かなものに振り回されていたら、心も不安定になるもの。

「損をしませんように、どうか得できるように……」。

いつもビクビク、緊張しながら過ごすことになります。


通販サイトのセールで「何を買うべきか」綿密な計画を立てるという女性がこういっていました。「何日も前から緊張しちゃって、お得に買い物できるか落ち着かないんです」。

損得で必死になれば、それだけ心が疲れてしまうのです。


食べ放題で「元を取るぞ」と気合を入れる。バーゲンセールで我先にと他人を押しのける。「もっと安い店舗は？」とコスパを比較する。タイパを意識して倍速で映画を鑑賞する。

損得勘定は、ちょうどいい「興奮」を与えてくれます。

「どのぐらい得できたかな？（ワクワク）」「他の人より損してないかな（ドキドキ）」。そうやって興奮要素のひとつとして楽しめているうちはよいでしょう。

でも、**「得しなければ……」などと強迫的に思うようなら気をつけてください。得できたとしても、それ以上に「穏やかな心」を失っているから**です。

「絶対に損などしないように」「もっと得しなければいけない」「あの人のほうが得しているのでは？」。結果的に得できるのに越したことはありません。でも、血眼になって損を避けたり、得を求めたりするのは明らかに行き過ぎです。

損得を考える際は、ぜひ「心の損得」も勘定にいれてください。

セールやポイントカード、食べ放題で得をした。そのために「いくら穏やかな心を支払ったのか」を考えるのです。大した支払いをせずとも、偶然たまたま得してしまった。だとしたら、それはすばらしいこと。ですが、得をするために不安になった、イライラした、動揺した、得した以上に「穏やかな心」を支払ったのなら？
「それほど高い買い物はない」ことに気づく必要があります。

「穏やかな心」はどこにも売っていません。「得した分を返すから」といっても払い戻してはくれないのです。そもそも、**いったい何のために損得を気にしていたのか？　目的を思い出してください。**「うれしい」「楽しいね」「幸せだな」。何かしら内面的な充実感が欲しかったからではないでしょうか？

得するため、損しないために心をすり減らすなんておかしな話です。
必死になって、自ら「穏やかな心」を手放したりしないように。損得感情は楽しめる程度に留めていれば、ムダに心が疲れることもなくなります。

まとめ

▼損得勘定で必死にならず、興奮要素として楽しめる範囲に留める

case

33

足りないもの探しを、やめる

ヘレニズム時代の哲学にこういう教えがあります。

「賢い人はないもので嘆かず、あるものを楽しむ」。手元にないもの、足りないものを手に入れようと必死になるのをやめる、ということです。

「スマホの新機種が欲しい」「高機能な車に買い換えよう」「もっと自分に合った仕事を探したい」。よりよいものを求めて行動するのは悪いことではありません。でも、ないもの、足りないものをいつも追いかけているとどうなるでしょうか？

「満たされない……」。**不満を感じて、心がすり減ることになります。**


心のしくみができた狩猟採集時代は、食べるものも着るものも住むところも、とにかく何もかもがなかった時代。そこに2人の古代人がいたとしましょう。

「これだけあれば十分」。1人は、そこそこで満足できた欲のない古代人。もう1人はというと、「これじゃ全然足りない」。不平不満が多い古代人です。

では、私たちの祖先はどちらでしょうか？ 答えは後者。

私たちは、カンタンに満足などしなかった古代人の傾向を受け継いでいます。欲のない古代人は？　生きて子孫を残すことはできなかったでしょう。

足りないものを探す傾向は、「何もない時代」において役に立ちました。でも、現代のような「何でもある時代」だと、それはひとつの問題を引き起こします。**足りないものを手に入れて満足した。なのに、なぜか不満が消えない**のです。

「あんなに欲しかったのに」いざそれを手にすると魅力を感じなくなる。心理学者のシェーン・フレデリックは、これを「快楽適応」と名づけました。

見飽きてしまった家や車、一度しか着ていない洋服、風景と化してしまった家電、取ったことすら忘れている資格などもそうでしょう。いずれも、かつては「足りない」「どうしても欲しい」と思って手に入れたもの。なのに実際、**それが自分のものになると、恋焦がれていた気持ちがみるみるうちに冷めていく**のです。

便利な都会暮らしを捨て、憧れの離島に移住する人がいます。

夢にまで見た風景も、毎日眺めていれば、当たり前の日常です。

実際、「便利な生活が恋しくなった」と都会に戻ってしまう人も一定数いるとか……。**足りないものを追い求めていても、満足することはできない**のです。


なぜ追いかけても追いかけても、満足は手に入らないのか……？

ジムに置いてあるランニングマシンと同じだと考えてください。

何かを手に入れようと追いかけても、実際は少しも前に進めていない。不満の気持ちを抱えたまま延々と走り続けることになるのです。その都度、手に入るものはあるかもしれません。でも、それと引き換えに心はへとへとに疲れてしまいます。


では、私たちはずっと不満を抱えて過ごすしかないのでしょうか？

ローマ時代の政治家、ルキウス・セネカはこういっています。

「自分にとって当たり前のものが失われたときのことを想像しなさい」。


当たり前のもの……。家や車といったモノばかりではありません。

たとえば、仕事や地位、収入、健康、家族、友人、ペットなどもそうでしょう。**快楽適**

応によって当たり前となったそれらをよく見て欲しいのです。

「あるのが普通ですから、特に何も感じませんが……」。

でも、それらはいつでも失われてしまう可能性があります。今日、失われることもあり得るでしょう。私たちが、その価値を正しく理解するのは、それを失ったとき。**失う前に、それらに対する憧れの気持ちを取り戻そう**というわけです。

自分の考えによって満足を見出すことを「自足」といいます。いわゆる「足るを知る」ことができれば、不満によって心がすり減ることもありません。

ないもの、足りないものを探し求めるのはほどほどに。

ランニングマシンを降りて、あるもの、すでに持っているものをよく見てください。そうすれば、すでに満たされていることに気づけるでしょう。

まとめ

▼「足りないもの」を求めるのはやめて、手元に持っているものを楽しむ

case

34

考え過ぎるのを、やめる

神学者のパスカルいわく、「人間は考える葦」だそうです。
確かに、私たち人間はよく考えます。深読みをしたり、先回りして予測したり、行間や空気を読んだり、つい事実以上の何かを考えてしまうものです。

もちろん、考える行為そのものは悪いことではありません。でも、考えが過ぎるのもまたよくないもの。ネガティブな気分のときなどは特にそうでしょう。不安や落ち込み、イライラ。気分が暗いときは、必要以上に考えてしまいがちです。
そんなときは、**自分で気づいて考えるのをやめる必要があります。**

理性と感情の関係が微妙なものであるのはすでに示したとおり。緊急時、判断の主導権は感情に一任されます。理性はいいなり。基本、感情には逆らえません。
たとえば、不安なときは、真っ暗な未来をイメージしてしまいますし、落ち込んでいるときは、閉じこもりたくなるような考えが湧いてくるものです。

やっかいなのは、そういう考えと事実の境目がわからなくなること。

「こんなことがあった……、もうダメだ」という文章をよく見てください。前半が示しているのは客観的な事実。でも後半はというと、主観的な考え、要は意見です。職場の「ホウレンソウ」と同じこと。事実と意見はきちんと分けて話す必要があります。ところが、感情的になるとそれらの区別がつかなくなるのです。

テレアポの仕事をしている20代の男性がこういっていました。「ずっと断られていると、どうしても思っちゃいます。自分は価値のない人間なんだなって……」。前半は事実ですが、後半は彼の個人的な意見に過ぎません。**人間、誰でも疲れてくると、事実と意見の境界線があやふやになってくるもの**です。

私自身、それらの線引きがわからなくなった経験はあります。目の障害を負って間もない頃の話。交付された障害者手帳に「要介護」というハンコが押してあったのです。それを見て、ふとこう考えてしまいました。「世話をしてもらわないと生きられないダメな人間なんだな……」。

「要介護のハンコが押してあった」のは客観的な事実。ですが後半、「ダメな人間だ」は私の個人的な意見です。その区別がつかなくなるぐらい疲れていたのでしょう。だんだんと後半の文脈まで事実かのような気がしてくるのです。

考える力は、諸刃の剣。それによって自分を傷つけていては元も子もありません。どうすれば、こういった考え過ぎの刃を防げるのでしょうか?

気分が暗いときは、「あえて表面的にものを見る」ことです。

「表面的に」というと、あまりよい印象はないかもしれません。

「人間は考える生き物」「深く考えるほうが上」という前提があるのでしょう。そうやって、行き過ぎてしまった考えを事実のほうに戻してあげるのです。

「テレアポ、100件断られたな」「要介護と書いてあるね」。

以上、「表面的に」見えているのはそこまで、です。

そこから先、事実以上のことは考えないようにしましょう。

感情というのは、よくも悪くも長続きしません。「うれしい」「楽しい」がいつの間にか消えてしまっているのと同じです。落ち込みもイライラも、いずれは流れて消えていきます。「ずっとイヤな気分が続いているんですが……」。繰り返し考えることで感情を再現しているからでしょう。

目の前にいない人のことでイライラしている？　だとすれば、そのイライラを引き起こしているのはその人ではなく、「あなた自身の考え」なのです。

考えることは大事。でも、それで心をすり減らすのは本末転倒です。必要以上に考えを深めて、自分を傷つけたりしないように。「今日はダメだな」と思ったら、あえて表面的にものを見て、心のすり減りを防いでください。

まとめ

▼ 気分が暗いときは考え過ぎるのをやめて、あえて表面的にものを見る

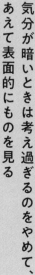

おわりに

映画『燃えよドラゴン』にこんなセリフが出てきます。
"Don't think, Feel."（考えるな、感じろ）
「頭で考えず、実際やってみる」のように、ふんわりとした解釈をされることの多いこの言葉。その真意は後に続くセリフの中に隠れています。

"It's like a finger pointing away to the moon."
それ（考えること）は月を差す指のようなものだ。
"Don't concentrate on the finger, or you will miss all the heavenly glory."
指に目を奪われていれば、肝心の光のほうを掴み損なってしまう。

さて、これはいったい何を意味しているのでしょうか？

「見てください」と指で月を差したとします。

見て欲しいのは月であって指ではありません。

「そんなの当たり前でしょ」と思ったでしょうか？

もちろん、「月と指」はたとえ話です。月が表しているのは「伝えたいことそのもの」。

では指は？「それを指し示す言葉」を意味しています。


「言葉を理解できた」。だとしても、言葉が指しているものを掴んだことにはなりません。

それは、まだ指のほうを見ているのと同じことなのです。


言葉を通じて理解を深めるのは大事。ですが、言葉というのは記号に過ぎません。その先にあるものを「腑に落とす」ための手がかりなのです。

言葉で考えて理解したことを体験によって血肉に変える。

それが、“Don't think, Feel.”の真意だと私は思っています。


本書で紹介した34の「やめる」についても同じです。

「理解できた」「わかった」。だからといって、それで終わりとは思わないでください。指を頼りに月を掴むのは、むしろこれからといえます。

よくも悪くも、情報が多すぎる時代です。

「どうすればいいのか？」私たちはすでに多くを知っています。でも、そのほとんどは指を見ているだけ、知っているだけなのでしょう。

言葉そのものにこだわらず、言葉が指しているものを感じ取ってください。本書をきっかけに「何があっても疲れない心」を掴んでもらえたら幸いです。

最後になりますが、本書を編集して頂いたぱる出版の岩川実加様、出版の機会を下さったネクストサービスの松尾昭仁様、執筆協力をしてもらった当協会の川見敦子さん、本書の発刊に携わって頂いた皆様に、心より感謝申し上げます。

1人でも多くの方が、穏やかな心で過ごせることを願っています。

一般社団法人　感情マネージメント協会代表理事　片田智也

片田 智也（かただ・ともや）
一般社団法人 感情マネージメント協会代表理事
公認心理師、産業カウンセラー
大学卒業後、20代で独立するがストレスから若年性緑内障を発症、視覚障害者となる。同年、うつ病と診断された姉が自死。姉の死の真相を知るため、精神医療の実態や心理療法を探求、カウンセラーに転身する。教育や行政、官公庁を中心にメンタルケア事業に多数参画。カウンセリング実績は延べ1万名を超える。カウンセリングから企業コンサルティング、経営者やアスリートのメンタルトレーニングまで、心の問題解決に広く取り組む。企業研修やセミナーの受講者は延べ2万名以上。著書に『「メンタル弱い」が一瞬で変わる本　何をしてもダメだった心が強くなる習慣』（PHP研究所）、『ズバ抜けて結果を出す人だけが知っている感情に振り回されないための34の「やめる」』（ぱる出版）がある。
一般社団法人 感情マネージメント協会ウェブサイト
https://kanmane.jp

何《なに》があっても疲《つか》れない心《こころ》をつくる
職場《しょくば》ですり減《へ》らないための34の「やめる」

2023年 6月 7日　　初版発行
2024年 10月 10日　　4刷発行

著　者　片　田　智　也
発行者　和　田　智　明
発行所　株式会社　ぱ る 出 版

〒160-0011　東京都新宿区若葉1-9-16
03(3353)2835－代表　03(3353)2826－FAX
03(3353)3679－編集
振替　東京　00100-3-131586
印刷・製本　中央精版印刷(株)

ISBN978-4-8272-1397-3　C0030